语言『误解』成因研究

◎ 邵英 著

陕西师范大学出版总社

图书代号：ZZ22N0640

图书在版编目（CIP）数据

语言"误解"成因研究／邵英著．— 西安：陕西师范大学出版总社有限公司，2021.11
ISBN 978-7-5695-2595-3

Ⅰ．①语⋯　Ⅱ．①邵⋯　Ⅲ．①语言哲学—研究　Ⅳ．①H0

中国版本图书馆CIP数据核字（2021）第233220号

语言"误解"成因研究
YUYAN "WUJIE" CHENGYIN YANJIU

邵　英　著

责任编辑	彭　燕	
责任校对	杜莎莎	
封面设计	一统唐风企划	
出版发行	陕西师范大学出版总社	
	（西安市长安南路199号　邮编 710062）	
网　　址	http：//www.snupg.com	
印　　刷	西安市金雅迪彩色印刷有限公司	
开　　本	720mm×1020mm　1/16	
印　　张	10.5	
插　　页	1	
字　　数	140千	
版　　次	2021年11月第1版	
印　　次	2021年11月第1次印刷	
书　　号	ISBN 978-7-5695-2595-3	
定　　价	58.00元	

读者购书、书店添货或发现印装质量问题，请与本公司营销部联系、调换。
电话：（029）85307864　85303629　传真：（029）85303879

序　言

　　第一次上课面对的就是国际生，在中国语言文学科班出身的我看来，教几名外国学生完全不在话下。但是，事实证明并非如此。我将一个三岁左右的中国孩童都懂的词句教给他们时，却遇到意想不到的困难，还要回答他们一连串的问题。在教学实践中，我逐渐意识到，将母语作为"二语"或者说外语进行教学时，难点不在于语言的结构规则、文字的书写笔画，因为这些是有规律可循的，是可以通过耳听、眼见、口练、手动的反复训练掌握的。二语教学的难点在于我们将词语、句子传递给学习者时，其所含的知识信息未必与学习者所掌握的一致，这导致他们即使能够识读某一词语，但在理解其意义时还是会出现问题，学界一般将此现象称为"偏误"。偏误分析的研究成果，每年呈几何倍数增长，研究者从语法角度、语义角度、文化角度等都有探讨论述，但是运用到教学上，效果依然不尽如人意。我一直认为，在语言学习与语言交流中，除了语言要素上的偏误，还有理解层面的偏误，可以称为"语言误解"。语言误解存在于整个人类社会。

　　编写此书的愿望，已在我心里存了三十年之久。20世纪90年代末，我教一名来自美国新墨西哥州立大学的交换生学习汉语。一次，在教学间隙，他说："老师，现在我教你说英语吧。"我说好。于是，他说一个单词，我模仿着说；他说一个句子，我跟着练习。在练习中，我也会告诉他英语中的某词用汉语怎么说，我说一个汉语词，他就跟着我念一遍。最后就出现了时而我跟着他说英语，时而他跟着我说汉语，我以为他在纠正我的英语发音，他以为我在纠正他的汉语发音的"跟随"的错位现象。还有一次，因为第二天是周末，下课时我礼貌性地说："请你周末到我家去玩儿。"他好奇地问我："老师，玩什么？"我一时愣住了，他看我不明白，接着问："玩piano？guitar？"原来他将我的"玩"误解为英语的"play"了。可见，学习、理解一门新语言并熟练运用，不是知道词语的读音、词性、字面意思，掌握句式结构就可以的。不了解语言的深层意义，产生语言误解，是不能真正学会一门语言的。由此，我产生了研究语言学习中误解出现原因的想法。

汉语学习者在学习时常常采用直接对译的方法理解词语、句子的含义，加之相关的汉语知识储备不足，对中华文化缺乏了解等，在运用汉语时常常出现各种问题，产生误解。不过由此引起的误解，在教学者进一步阐释和举例说明后，是很容易消除的。可是因观念不同、价值取向差异以及傲慢、固有偏见等所引起的误解，消除起来就没那么容易了。但在我浅陋简单的认知里，只要放下傲慢与偏见，以科学的态度去了解他民族的文化、习俗等，误解是可以消除的。

语言很神奇！它可以让我们接近、亲近，给我们无限快乐，也可以让我们猜忌、哀怨、愤怒，距离越来越远。这些表面上是交流工具语言使然，实则是使用工具的我们造成的。所以，多年来我一直希望从分析各类语言误解实例入手，探寻误解的成因，使人们从语言误解怪圈里走出来，更好地理解语言，理解使用语言的人。

在本书的修改过程中，陕西师范大学出版总社的编辑刘定、彭燕为我提供了宝贵意见，指出了行文中的诸多不当之处，在此真诚致谢！由于本人水平有限，书中的疏漏和错误一定还有不少，敬请广大读者批评指正。

最后，以此书感谢我最亲爱的家人！

邵 英

2020年11月16日

目 录
contents

绪论 ·· 001

第一章　语言的最初特征与语言误解的产生 ·········· 016

　　第一节　人类语言的产生和最初特征 ··············· 016
　　第二节　语言的发展演变与误解的产生 ············ 022

第二章　人类语言交流信息与引发的误解 ············ 038

　　第一节　人类语言交流信息的特点 ··················· 038
　　第二节　语言信息传达向度的偏差引发的误解 ··· 044
　　第三节　语言信息传递真实度引发的误解 ········· 049
　　第四节　语言信息的二重性引发的误解 ············ 052

第三章　信息发送者与接收者的非对称因素引发的误解 ··· 058

　　第一节　信息发送者与接收者非语言因素引发的误解 ········· 059
　　第二节　信息发送者与接收者的心理差异引发的误解 ········· 096
　　第三节　信息解码与重新编码途中产生的误解 ··················· 110

第四章　语言信息载体性误解 ··············· 120

第一节　语音差异引发的误解 ··············· 120
第二节　语义错解引发的误解 ··············· 130
第三节　语言模式差异引发的误解 ············· 140

第五章　语境与交流场的干扰引发的误解 ········· 144

第一节　语言内语境与语言外语境 ············· 144
第二节　语言交流接收场景的干扰 ············· 147

第六章　语言误解成因给予人类的启示 ·········· 150

参考文献 ·························· 156

绪　论

一、研究语言误解生成的意义

跨文化交流中，因对语言理解产生偏差，容易出现语言误解现象。实际上，语言误解也是同质语言交流中的一大障碍，也就是说，这是人类语言交流中经常出现的现象。本书旨在结合人际交往尤其是跨文化交流中出现理解障碍的言语实例，从语言交流功能出发，对语言误解的形成缘由进行总的考察，以探索人类在交往过程中破解语言交流障碍，维持顺畅愉悦的沟通的方式方法。

我们在日常生活与工作中不能不与他人交往，而最为简便、好用的交流工具莫过于语言。人人都熟悉这一工具，但又对其在交流中制造的麻烦感到无可奈何。人类依靠语言传递信息并理解彼此，但又常常因为语言而误解对方，以致纷争不断。所以，"误解"是我们极为熟悉的词语，也是人类的共性之一[①]。误解不仅发生在同一民族之中，也发生在不同民族和国家之间；不仅产生于口语中，也产生于书面语中。口语中，人们会说"你误解我/他/××了"，或者说"你误解了我/他/××"，或者说"我/他/××，你误解了"。

---

① 美国人类学家唐纳德·布朗在其《人类共性》中罗列的人类共性包括重视口才、说闲话、撒谎、误解、言语幽默等等。参见［美］史蒂芬·平克：《语言本能：人类语言进化的奥秘》，欧阳明亮译，杭州：浙江人民出版社，2015年，第436页。

不管是调整语序，还是变换主语、宾语的位置，"误解"一词的意义都没有改变。"××误解了××"这句话，每个人在其一生的言语活动中都不可能避而不说或者避而不听——除了一般意义上的误解，"我们口语中的个别词汇就可以在某种意义上称为象征，因为与任何一个概念相比较，它们的涵义都更为模糊、含蓄，包容了更多不可说的日常生活经验"[①]，也很容易造成误解。因此无论是汉语、英语还是其他语言环境中，"误解"都是人们非常熟悉的，说"语言之间是有恩怨的"[②]，有一定的道理。

自从人类创造了语言，就方便了彼此之间的交流，随之也出现运用语言这个工具对言语进行解说的需求。语言是表达人类一切"行为"的工具，属于文化工具。"语言一旦被发明，就与文化绑在了一起，父母以此教授孩子讲话，孩子也以此来模仿父母。"[③]孩子在模仿时虽有改造和创新，但基本不出父母教授的范围，给出的"新词"也只有模糊的语义，这也是母语文化得以代代相承的原因。人类的语言交际不是发出"汪汪""喵喵""咩咩""啾啾""嗡嗡"等动物类简单声音的直向交流，那样的交流属于动物间的本能交流。人类的交流是传递文化思想与各种情感的更高层次的复杂交流，因此，在人们输出与接收、解读语言信息的过程中，各类误解也如影相随，甚至"也许由于太平淡无奇了，我们对语言很少注意，把它只看成像呼吸或者走路那样理所当然的事"[④]。大部分误解在双方进一步沟通和必要的补充解释后会消除，但也有越解释越麻烦，越解释误解越深的情况，让人毫无办法。

语言误解并不都是语言形态的差异引起的，所以研究清楚不同语言之

[①] ［瑞士］H.奥特：《不可言说的言说：我们时代的上帝问题》，林克、赵勇译，北京：生活·读书·新知三联书店，1994年，第34页。
[②] 钱冠连：《汉语文化语用学》，北京：清华大学出版社，1997年，第3页。
[③] ［美］史蒂芬·平克：《语言本能：人类语言进化的奥秘》，欧阳明亮译，杭州：浙江人民出版社，2015年，第21页。
[④] ［美］布龙菲尔德：《语言论》，袁家骅、赵世开、甘世福译，钱晋华校，北京：商务印书馆，1980年，第1页。

间的形态差异并不能完全消除误解。这一结论无须验证。语言误解发生在陌生人之间，也发生在关系密切者之间。持相同语言形态的交流者在交流时，误解也会随时出现，并不会因为语言形态一样而减少或者消失。因此可以说，在交流中出现的语言误解并非一定与语言形态相关，也并非一定与其生成机制相关。本书所分析的误解现象，不是第二语言学习中的偏误分析。

由于语言的复杂性、多样性，人类的交流方式也变得复杂而多样：可以是有声的，也可以是无声的；可以是有行为辅助的，也可以是无行为辅助的；可以是同时、同语言环境的，也可以是跨越时空的。一般情况下（当然也有故意设置语言信息障碍以误导听者的），说者（写者）都希望对方即听者（读者）知道自己发出信息的确切含义和真实意图，而不是将其当成与自身无多大关系的噪音，或者令人生厌的"垃圾信息"，以致不做回应。然而，在信息传递过程中，理解与误解有时是并存的。在现实生活中，纯科学技术类的说明信息也许能够百分之百地保持"原汁原味"，输送给接收者一方，但是只要涉及人类的思想情感因素，要做到"就事论事"地输入与输出，便极其困难。这时，信息传输的路径，不知在什么时候、什么情况下就会有"岔道"出现，致使接收一方可能接收到由"歧路"传送的信息。比如，距离我们近万年的远古先民在陶器上留下符号，或在山崖石壁上画下一些线条、图案，我们通过推理，理解其包含的重要历史信息，追溯他们生活的原貌。但是这些刻画符号到底是为了装饰陶器，为了表达美的情感而有意为之，还是工作时兴之所至，随意刻画留下的，又或者是因属某一族群而做的某种标志性符号，不得而知。而我们在做这些探索式解读时，容易产生误解。

但不能因为有误解就放弃语言，而是要不断对必要的语言进行补充，以完成信息交流。在语言交流过程中，信息耗损、语义变异、对象更替、陈述方式更改、概念阐释变化、主题改变与呈现方式变化等又在话语形成时，为新偏差的出现提供条件，新的误解又会在某处出现。因而只要有语言交流,就有误解存在。人类社会中每个个体终生都在这个误解的怪圈里行走。然而聪明的人类有时也会借误解达到自己的某种目的,所以误解有时会成为"曲解"。

　　语言误解是很有趣又有点诡异的事情。通过现实中各式各样的误解案例,我们可以分析说者(写者)或听者(读者)无法用语言清晰表达的微妙心理。无法用言语表达或者言不尽意、无以言表、心知口难传等反映了语言在交流中的局限性,但这并不代表人的思想或者说情感此时处于停止运转的状态。有时,一个眼神或者一个微笑,身体的轻微动作或者微不足道的"哼""哈"之声,可能就会引起误解。只不过,在交流中,我们有时遇到的是轻度误解,可以以"大度""包容"的姿态略过;有时,说话方会及时调整语言表述方式,进行必要的信息补充,巧妙地纠正对方的"错觉",使交流通道畅通、信息及时回归正道进而完成交流。但有时,误解没有引起交流双方的注意,就会引起麻烦,甚至造成伤害,以致发生一言不合便大打出手的事。这也是语言在表达人们的思想、情感活动时具有局限性的反映。通过语言误解分析,我们可以深入了解一个人的内心世界,可以了解一个民族乃至整个人类的情怀、态度,也可以在消弭误解的过程中,强化人类虽有不同族群但其实是大自然中同一个种类的意识。人类有不同语言、不同习俗、不同文化是再正常不过之事,共性是基础,差异是在共性下繁衍生息的。

　　从表面看来,误解常常是偶发的,但其实蕴含着必然性。虽然说语言具有社会规约的特性,但这种规约仅能指同一种语言中句式的结构和词语的概念性表述。此种语言的规约非彼种语言的规约,就这一点来说,语言误解的发生也是必然的。语言是随着人类社会的发展而发展的,虽然每一种语言的基本词汇比较稳固,但是人类社会的生活史、经济史、政治史、文学艺术史、文化史以及自然科学史等的发展都会引起语言的发展演变。同一语种在不同时期的语言各要素也会发生变化,不同语种称说物质具象和情感意念的语音形式和句式结构会有不同,随着族群的接触,不同语种也会产生变异,所以误解是人类交际过程中的必然现象。

个体在何种环境下怀着何种心态和动机与何种人以何种方式进行何种语言的交流,有何种外界因素的干扰,这些都与最终造成何种误解相关。误解是多种变量的耦合,具有很大的随机性和不确定性,似乎较难捕捉、分析。但从宏观背景看,决定这些变量的潜隐因素其实是误解的双方长期受社会教育模式影响形成的思维、语言、行为模式与文化心理结构。这些因素都具有相对的稳固性。从这个意义上讲,个体的误解与被误解是注定的、难以避免的。况且,越来越多的研究表明,人类的语言自创制以来,由于与表达情境及人的内心世界相隔离,与思维活动不等值,极限性日益凸显——我们大都体验过不可言喻的无奈,也体会过难以诉说的痛苦、无法申辩的焦虑,由此造成的误解也确实不少。汉语中的"无以言表""比窦娥还冤""跳到黄河也洗不清""浑身长满了嘴也说不清"之类的话就是对误解的定向描述。其他如后世对经典的误读、误解更是有史以来世界语言范围内的普遍现象。此外,无证据或者证据不足造成的认知上的误解,或者由于所见所识有限、盲人摸象式片面理解而产生的误解也不在少数。

由于有不同的母语、不同的社会文化背景及不同的思维模式、语言习惯,在第二语言教学中,误解更是一种普遍存在的现象。但这一现象多被认为是教师教学水平、外语水平有限,教学方法、表达方式失当以及学生理解力有限,两种语言形态有别造成的,经过教与学双方的努力和进一步沟通即可消除。误解也被看作一种偶然发生的、无理论价值的普遍现象,没能引起应有的重视,也没能得到系统的梳理和归纳。针对这种现实,本书拟从理论上对语言误解的生成缘由进行系统阐述,以期对日常语言交流中的误解现象有更深入的认识,产生一定的实用价值,发挥指导语言实践的作用。正如研究病理学是为了更有效地祛除病魔,研究变态心理学是为了使人类的身心更加健康,本书研究语言交流中的误解现象,是为了尽量减少误解的负效应,使语言交流更加畅通,使人类更有效地运用语言这一交流工具。如能做到这一点,本书所进行的研究就有了意义。

由于误解与社会文化、宗教信仰、认知范围、生活习俗、政治观念、历史阶段、认知方式以及表述模式等相关联,后世在阅读先辈所撰写的文献,一国人在阅读他国人所写的文字或者与其进行语言交流时,必须清醒地告诫自己,不要把前人记录的文字放在当下的语境、社会氛围中去分析理解,不要"以己之心"去"度人之腹",必须意识到他人的语言和文化与自己的会有不同,而且不同是常态。同时应该清晰地意识到,误解的产生是由于彼此不了解,是由于对已有知识有认知偏差,是由于思维模式存在差异。而本书所做的工作就是对误解产生的缘由进行探索、分析和解释。

二、已有研究成果述略与本书要旨

中外学者关注语言误解的形成以及误解产生的后果等由来已久。有的学者对某一方面的误解进行了分析,如美国语言学家布龙菲尔德就在其《语言论》的初版序中阐明,他在书中力求用简单的术语讲述"语言的一些源远流长的道理",并"阐述它们对人类事务的影响";法国语言学家、思想家米歇尔·福柯在《词与物——人文科学的考古学》中,从考古学视角出发考察语言里的词语意义与西方文化观念的关系,阐述了物的相似与差别在语言网络上留存的痕迹。两本巨著中都有关于因言语因素而出现误解的论述。有的学者则是从误解的反面理解进行深入探讨的,如英国语言学家洛克在《人类理解论》中以对人类语言的理解批驳了知识来源的"天赋观念",运用大量的语言理解事实论证了人类知识源于经验的积累,他认为,"搅扰人类的大部分问题和争论"都是"起于含糊不定的文字用法,或文字所代表的那些不确定的观念……人们在探讨中和谈论中,如果能应用那些确定的观念,则他们不但会看到,他们所探讨的、所讨论的到了什么程度,而且他们会避免了同他人素日所有的大部分争论和口角"①;法国哲学家、思想家、语言学家保罗·利科在其《解释的冲突：解释学文集》一书中，从对多重语义学意义的解释入手，论述如何化解狭隘解释引发的冲突，他认为，解释是"一个直接的、原初的和字面的意义附加地指示另一个间接的、从属的、形象化的意义，后一种意义只有通过前一种意义才能被领悟"，因为无论是感官想象还是其他想象，"都是在语言中获得表达的"，"都能降临在语言要素之中"。②其他学者更多是在研究其他问题时提到或涉及误解的话题，如美国作家房龙在《宽容》中说，"语言是人类的发明中最具欺骗性的工具之一，所有的定义都是武断的"③，现在的人误以为原始人类社会极为简单，语言结构不如文明社会的语言复杂，因此才会出现武断、偏见、不宽容等现象。美国语言学家汉斯·凯尔纳在《语言和历史描写——曲解故事》中阐明，语言结构即话语的表述方式深刻影响着历史的再现，因为记录"人类活动"的"故事"是"文化形态以及根深蒂固的语言习惯的产物。而这种语言习惯源于词语的选择，传统上称之为修辞"，因此，他在前言最后说，"曲解故事正是要我们理解到，任何一个故事的系统性都是一种修辞性的创造物，而故事的创造又是人类自我理解和自我创造中最为重要的组成部分"。④英国语言学家科林·麦金在《语言哲学：经典诠释》中对弗雷格、罗素等人的十部具有代表性的语言哲学经典文献进行了深入浅出的解读。他指出，"句子表达的命题构成了句子的意义"，人们在表达时，两个不同的句子很可能是在表达相同的命题，因为"句子可能由不同词语构成而为同义句"，这种情况出现在同一种语言里，也出现在不同语言里，即"两种不同语言的两个句子也可以表达相

---

① ［英］洛克：《人类理解论》，关文运译，北京：商务印书馆，1959年，《赠读者》第18页。
② ［法］保罗·利科：《解释的冲突：解释学文集》，莫伟民译，北京：商务印书馆，2008年，第13、14页。
③ ［美］房龙：《宽容》（中英双语本），秦立彦、冯士新译，桂林：广西师范大学出版社，2001年，第12页。
④ ［美］汉斯·凯尔纳：《语言和历史描写——曲解故事》，韩震、吴玉军等译，郑州：大象出版社，北京：北京出版社，2010年，前言第1、5页。

同的命题",①但这种看似具有"同一性"的陈述在不同解读者的隐性情感影响下,也可能有不同的理解。

本书要旨是通过对语言在各种环境下产生的种种误解进行分析,尽量厘清误解类型的分布规律,以说明误解最重要的成因是"不了解"导致"不理解"进而"误解"。

需要注意的是,本书讨论语言误解现象时使用广义上的语言概念,即邢福义所说"人类用于交际的所有手段……人类使用的一切符号"②。

本书需要解决的难题是:

(1)语言误解是多方面的、性质复杂的,存在于物理、生理、心理、文化、观念、思维、宗教、语义、语法和语用等多个领域,也存在于个人领域和社会领域。所以,本书力图从不同领域,严谨、扎实地解析语言误解现象,使产生误解的缘由条理化、明晰化。

(2)本书试图从人类语言产生和演变的过程入手(从动物语言、原始部落语言、幼儿语言等方面出发,对人类语言最初的特点和演变过程做一些推测),探讨语言自身的局限性及误解的难免性,并提出消除误解的对策。这些对策亦可成为语言教学和语言交流中防止和消除误解的辅助手段。

(3)按信息论的原理,一个完整的语言传播过程可划分为六个相互联系的环节,即信息的输出、转换、输入、存储、反馈和控制。本书以这六个环节为主体框架,一一展开论述,以尽可能全面、系统地揭示误解发生的内在缘由。

(4)误解并不都是语言交流中的赘瘤。幽默常在有意无意的误解中激发出来,创造性思维的火花也常在误解的岔口闪烁,这是语言最为奇妙之处。本书通过对误解的深刻分析探察人的心理,以期对指导人的行为有所

---

① [英]科林·麦金:《语言哲学:经典诠释》,刘龙根、朱晓真译,上海:上海交通大学出版社,2017年,第2页。
② 邢福义主编:《文化语言学》,武汉:湖北教育出版社,1990年,第7页。

帮助。

（5）语言误解在高科技、信息化时代将更加频繁地出现。人与人之间面对面的言语交流被更快捷的电子设备交流取代。指尖交流虽简洁快速，但误操作及缺乏现实场景、面部表情、体态语等的辅助等，使误解增加，交流语句的缩略形式、信息碎片化、信息反馈时间差等因素，成为语言误解的新成因。本书紧跟时代脚步，关注、分析时代带来的误解新成因，以帮助人们找到相应对策。

本书引用例句的来源有下面几种：

（1）来华留学生作业中的句子或交谈时的话语。

（2）汉语作为二语教学中的语言教学实例。

（3）翻译图书中的语句。

（4）对历史经典文献释读的修正。

（5）对以往"共识"的更正。

（6）文学艺术作品中的句子。

（7）信息化时代的生活实例。

三、对几个相关词语的说明

一个生理机能正常的人，自出生后长到约十一个月大，就开始咿呀说话，这是社会"领导他走向社会传统"[①]的习得过程。因为语言是一个民族看待世界的方式，是对一个民族而言具有根本意义的价值系统和意义系统。语言是一种交流信息的工具，更是表达思想和情感的工具。人类运用语言传播自己的思想，传递在生活实践中获得的经验和教训。但是无论哪一种语言，都有词不达意的无奈和理解错位或者无法理解的困惑。在用不同语言进行交流时，不能互解更是不足为奇。可以说，误解是人类社会无

---

① ［美］爱德华·萨丕尔：《语言论——言语研究导论》，陆卓元译，北京：商务印书馆，1985年，第3页。

法避免的一种文化现象。细言之，误解可分为误解、误读、错解、曲解四种类型。

人类的语言交流虽然会有各种状况出现，但初衷是为了沟通，是为了理解彼此。我们说人生"不如意事常八九，可与人言无二三"，就是因为有的时候言说了却可能被听者误解，或者错解、曲解，如果以文字呈现，则可能被误读。这几种情况有何不同？我们有必要先对这几个词语进行辨析。

1. 误解

误解由"误"和"解"两个词素组成。《说文解字》卷三"言部"对"误"的解释是："误，谬也。"如《史记·萧相国世家》"群臣议皆误"中的"误"。"误"的第一个义项是谬误、错误。"误解"之"误"正是这一意思。"解"，即明白、知晓、理解，如韩愈《师说》"终不解矣"中的"解"。"误解"即理解得不正确，或者说是错误地理解。如巴金在《关于〈父与子〉》中有言："一百多年前的激烈争论早已平息，对作者的种种误解也已消除。"诸如这种"对作者的种种误解"的事例不断出现，随着时间的沉淀、更多材料的出现或者社会观念的转变，"种种误解也已消除"，但是新的误解又会出现，永远不会有完全消失的一天。

2. 误读

误读即"错误地解读"或者"读错了"的省略说法。这种现象极易发生在那些不熟悉某一领域但又想做出解释的人身上。该词与"误听""误写"属同一类词语。美国语言学家布龙菲尔德在谈到16世纪西方传教士要介绍用美洲和亚洲一些民族的语言文字所撰写的著作时告诫说："有些关于美洲和菲律宾的语言的著述，得归功于他们。这些著作用起来一定要很谨慎，因为作者在识辨外国语音方面没有受过训练，不可能作出准确的记录；而且他们只知道拉丁语法术语，硬套拉丁语法框框，对这些语言作了歪曲的解释。"①这种误解就是在误读的前提下发生的。

3. 错解

错解是指解释得不妥当或者是解释得有错误。比如，美国语言学家布龙菲尔德在其著作《语言论》中阐述名实关系时举过一个例子，"希腊人自然会认为gooseberry（醋栗）和goose（鹅）之间有某种内在的联系"②，这就是一种错误的理解。还有一种错解是在错误观点指导下对某种事物进行的解释说明。如针对语言的高雅和粗俗之分，以及关于语言的语法分析方法，布龙菲尔德曾经尖锐地指出：

> 他们（18世纪的学者）用哲学术语来说明语言的语法特征，不考虑各种语言原有结构上的差别，硬套拉丁语法的框框，使得各种语言的结构差别全都模糊起来。他们没有观察语音，把语音和字母表中的书写符号混为一谈。他们不能区别什么是实际的口语，什么是文字的应用，所以他们对于语言历史的观点也是歪曲的。他们看到了中世纪和近代有良好教养的人会写（甚至会说）纯正的拉丁语，而教育较差或是粗心大意的抄写员却弄出很多错误；他们不了解写拉丁文是一种人为的、学院的训练，因此得出结论认为语言是由受过教育和细心的人保存下来，而庸俗粗鄙的人却使它败坏并变了样。关于像英语这样的一些现代语言，他们认为书本上的和上流社会保守派的语言形式代表较古和较纯粹的水平，而普通老百姓的"俗语"只是分离出来的"腐朽语言"，是"语言的退化"所产生的。因此，语法学家们觉得自己有权根据逻辑考虑去制订一套臆想的规则。

---

① ［美］布龙菲尔德：《语言论》，袁家骅、赵世开、甘世福译，钱晋华校，北京：商务印书馆，1980年，第6页。
② ［美］布龙菲尔德：《语言论》，袁家骅、赵世开、甘世福译，钱晋华校，北京：商务印书馆，1980年，第2页。

这些错误的观点阻碍了学者们去利用手头的资料：现代语言和方言，古代语言的记录，关于外国语言的报告，特别是同一语言前后各阶段的文献，例如盎格鲁撒克逊语（古英语）和现代英语，或者拉丁语和现代罗曼诸语言。人们知道有些语言彼此相似，可是语言会退化的观点使人不能系统地研究这些关系，因为，譬如说，从拉丁语到现代法语经历过种种变化，却被看成是一些有意无意的衰退了。①

汉语亦有古汉语与现代汉语之分。字形相同的词在古代和现代可能意义有别，如果用现代意义去解读古代词语，那很可能会出问题。如唐朝诗人杜牧《山行》"停车坐爱枫林晚，霜叶红于二月花"中的"坐"该怎样解读？说"坐"即"坐下来"，那就是错解。因为在古汉语中，"坐"可解释为"因""由于""为着"，是介词，而不是动词。又比如，五代时期南唐皇帝李煜《虞美人》"雕栏玉砌应犹在，只是朱颜改"里的"朱颜"是何意？如果按照字面意思解说成"朱红色"，那么也是错解。因为在此诗里，"朱颜改"是说"所怀念的人已经衰老"，"朱颜"是年轻的脸庞之意。不考虑古今汉语之别，就容易错解其意思。

4. 曲解

《汉语大词典》中"曲解"词条下的注释是："不顾客观事实或歪曲原意，作错误的解释。"如孙犁《秀露集·耕堂读书记（一）》："前些年，对现实主义有误解，对浪漫主义的误解则尤甚，已经近于歪曲。""已经近于歪曲"，便是曲解了。在此，孙犁先生先以"误解"来说明对现实主义的理解偏差，接着用"歪曲"一词批评对浪漫主义的严重误解。可见，曲解与误解在语义表达上是有区别的。

---

① ［美］布龙菲尔德：《语言论》，袁家骅、赵世开、甘世福译，钱晋华校，北京：商务印书馆，1980年，第7—8页。

误解、误读、错解和曲解，语义有交叉，但又有区别。误解涵盖的意义更广泛，可以说是这四个词语的统词。误读、错解和曲解的意义各有侧重，造成这几种现象的原因均可以细分为主观和客观原因。误读和误解的客观因素多于主观因素，而曲解在情感上的主观成分更多一些，很多是"故意为之"的。

5. 语言理解

说语言误解，也必须说清楚语言理解。什么是语言理解呢？美国哲学家、社会学家阿尔弗雷德·舒茨早在其于1932年出版的《社会世界的现象学》一书里，就从"现象"的视角阐述了什么是"理解"，认为个体能理解问题，是与他的心灵有关系的。而德国思想家马克斯·韦伯则用社会科学的方法解释了"理解"的含义，认为"理解"是建立在有意义的解释基础上的。法国哲学家孔狄亚克认为："理解只不过是种种心灵活动的集合体或者组合物而已。察觉或者具有意识，加以注意、再认识、想象、重新记起，反省、区分他的观念、把他的观念加以抽象、把观念组合起来、把观念分解开来，把它们加以分析、肯定、否定、判断、推理、体会，这一切即是理解。"[①]理解主要是依靠语言来进行的。人类因有话要说，发明了语言。说出来的话是给别人听的，是希望别人听懂的，因此说者与听者应该有共同的认知基础，就如同东汉文字学家许慎说的，中国古人造字是"近取诸身，远取诸物"的，是听的人能听懂的。但随着人们扩大了交流区域、交流范围，所涉及的事、物超出了说者（写者）或者听者（读者）的认知水平，出现了说者或听者不明白的话语时，就要创造新的方式，尽可能地让听者明白、理解说者话语的意义，否则说话就失去存在的必要了。《语言的理解与发生——儿童问句系统的理解与发生的比较研究》说："语言理解这一概念比较单纯，指的是人们根据各种话语形式把握话

---

① ［法］孔狄亚克：《人类知识起源论》，洪洁求、洪丕柱译，北京：商务印书馆，1989年，第58页。

语内容的语言心理过程。"① 可是在实际交流中,"把握"话语真实意思实在不易,尤其是在不熟悉话语形式或不清楚语境时,因为语言理解常常是要借助语言出现的情境或者上下文的文意的。所以,语言理解是一件非常复杂的系统工作。正如陈望道先生在《修辞学发凡》引言中所言:

> 写说本是一种社会现象,一种写说者同读听者的社会生活上情意交流的现象。从头就以传达给读听者为目的,也以影响到读听者为任务的。对于读听者的理解、感受,乃至共鸣的可能性,从头就不能不顾到。而尤以发表这一阶段为切要。因为这一阶段,是写说者将写说物同读听者相见的时候。写说者和写说物和读听者各都成为交流现象上必不可缺的要素。当这时候,写说者纵然还有"藏之名山"的志向,也不便再以"藏之名山"自豪了。对于夹在写说者和读听者中间尽着传达中介责任的语辞,自然不能不有相当的注意。看它的功能,能不能使人理解,能不能使人感受,乃至能不能使人共鸣?②

听者(读者)在交流中能够顺畅理解说者(写者)的话语意义,与说者(写者)的语言表达方式密切相关。所以人们要确保交际过程顺畅,就应该清醒地意识到,"会话过程绝不是一个简单的罗列语词的过程。人们在会话过程中既要利用语法词汇的知识,也要了解语义框架和解读话语的线索,包括各种各样的语用知识"③,这样形成的理解才是洛克所说的"心

---

① 李宇明、陈前瑞:《语言的理解与发生——儿童问句系统的理解与发生的比较研究》,武汉:华中师范大学出版社,1998年,第3页。
② 陈望道:《修辞学发凡》,上海:上海教育出版社,1997年,第6页。
③ [美]罗纳德·斯考伦、苏珊·王·斯考伦:《跨文化交际:话语分析法》,施家炜译,北京:社会科学文献出版社,2001年,总序第3页。

灵中最崇高的一种官能"①。

　　人类创造了语言这一交流工具，这一工具也随着人类社会的前行而发展演变。它的一些音、记录它的一些文字以及它对事物的称说等等都在发生着变化。"语言变化比生物的变化要快得多，但是又比人类社会的其他制度的变化也许要慢些。"②所以我们在语言交流中会有各种各样的误解，我们也一直在努力消除误解，以便更好地沟通交流。

---

① ［英］洛克：《人类理解论》，关文运译，北京：商务印书馆，1959年，《赠读者》第9页。
② ［美］布龙菲尔德：《语言论》，袁家骅、赵世开、甘世福译，钱晋华校，北京：商务印书馆，1980年，第356页。

第一章　语言的最初特征与语言误解的产生

语言与人类相伴而生，"对于离不开社会生活的人们来说，语言的重要价值体现在日常活动的方方面面：衣食住行、恋爱、争吵、谈判、教育。需要乃发明之母，语言很可能是我们聪明的祖先一次次发明的结果"[①]。在社会生活中，人类创造的语言无处不在地发挥作用，人类运用自己创造的语言来表达世界上的一切事物。

第一节　人类语言的产生和最初特征

人类不仅"使用语言交流关于事物的信息"[②]，而且运用复杂的声音协助表达，"使得人们能够十分准确地相互感应"[③]到"感性表达"[④]的意

---

① ［美］史蒂芬·平克：《语言本能：人类语言进化的奥秘》，欧阳明亮译，杭州：浙江人民出版社，2015年，第21页。
② ［英］科林·麦金：《语言哲学：经典诠释》，刘龙根、朱晓真译，上海：上海交通大学出版社，2017年，第1页。
③ ［美］布龙菲尔德：《语言论》，袁家骅、赵世开、甘世福译，钱晋华校，北京：商务印书馆，1980年，第29页。
④ ［德］威廉·冯·洪堡特：《洪堡特语言哲学文集》，姚小平选编、译注，北京：商务印书馆，2011年，第1页。

义。生活在地球上任何一隅的人都拥有语言这一交流工具,然而由于使用的时间、方法、场合可能不同,个体在具体运用语言时会有千变万化的可能,故瑞士语言学家、当代语言学之父费尔迪南·德·索绪尔将个体说的语言名为"言语",以便与语言分开来。无论是语言还是言语,我们都习以为常了,因此,对它们的关注、研究起步较晚,"用科学的方法,仔细而详尽地观察研究语言,还只是近百年左右的事"①。

其实,作为工具而言,语言的"功能很大,使人类区别于其他动物"②。人类大概有五千多种语言,分属九个语系,由此可知语言"是一种很重要而很复杂的社会现象"③。据说,最初人类使用的是同一种语言,交流起来毫无障碍,也极少产生让人烦恼的误解。但人类不满足于在平凡的世界生活,竟然妄想建起一座通天塔,以攀爬到另一个宇宙一看究竟,这种狂妄野心惹怒了上帝。上帝抓住人类贪婪的弱点,降下五彩缤纷的豆子雨。果不其然,正在热火朝天建设通天塔的人类在刹那的惊异后,纷纷停下手里的工作,捡拾着,争抢着,急不可待地把五彩豆子吞咽下肚。结果,等他们抬起头时,已听不懂彼此所讲的话了。从此,人类无法沟通,无法协作,修建通天塔只能永远成为梦想了。这一传说说明,"地球上没有哪一个角落,是人类及其语言所不能渗透入内的……语言的本性和人类的状态势必促进普遍的联系,因为每个人都需要被别人理解,而这种需要便迫使人去寻找既有的、容易理解的东西"④。而五彩豆使人们语言再不相同的传说也在暗示人们:在大多数情况下,人是在自己的语境下与对方进行交流的,双方各走各的道,各说各的话。但无论怎样,人类语言复杂而

---

① [美]布龙菲尔德:《语言论》,袁家骅、赵世开、甘世福译,钱晋华校,北京:商务印书馆,1980年,第1页。
② [美]布龙菲尔德:《语言论》,袁家骅、赵世开、甘世福译,钱晋华校,北京:商务印书馆,1980年,第1页。
③ 陈原:《社会语言学》,北京:商务印书馆,2000年,第2页。
④ [德]威廉·冯·洪堡特:《洪堡特语言哲学文集》,姚小平选编、译注,北京:商务印书馆,2011年,第16页。

灵活,"虽然我们只能发出有限的声音,但组合起来却能产生无限多的句子,各有不同的含义。于是,我们就能吸收、储存和沟通数量惊人的信息量,并了解我们周遭的世界"[①]。世界很大,我们周遭只是大圆里很小很小的圆,在我们的圆之外,还有许多许多的事物。虽然现在人们时不时提及"地球村",可是这个"村"实在是太广阔了,再怎么发达的交通工具、通信设备,也不可能帮助任何个体游遍"村子"的角角落落,认识它的所有。通天塔依然是个梦!

"有人类存在的地方,就有语言存在。"[②]的确如此!那么,人类语言是如何产生的呢?中外语言学家经过研究,提出过各种各样的理论,至今未达成一致,但大致可以归纳为古代英雄发明说、人民精神的产物说、人们模仿各种声音的"汪汪说(The bow-wow theory)"、人们天然发音反应的"叮咚说(The ding-dong theory)",以及人们大声喊叫和惊叹的"呸呸说(The pooh-pooh theory)"等。[③]如果再进一步概括,可以归为感叹说、摹声说、手势说、社会契约说、劳动叫喊说、劳动起源说、进化说等几种。[④]无论用什么形式进行表述,语言具有具象性特质都是毫无疑问的。但是人类在赋予语言具象性特质的同时,又使它在输出时保有个体特征。正如19世纪俄罗斯汉学家瓦西里·瓦西里耶夫在评论《诗经》时所言:"我们没有见过在如此遥远的时代(虽然也把孔子时代算上)有哪一个民族,对于平常的感情,对所谓乡巴佬日常生活中所关注的一切,能有

[①] [以色列]尤瓦尔·赫拉利:《人类简史:从动物到上帝》,林俊宏译,北京:中信出版集团,2017年,第21页。
[②] [美]史蒂芬·平克:《语言本能:人类语言进化的奥秘》,欧阳明亮译,杭州:浙江人民出版社,2015年,第13页。
[③] [美]布龙菲尔德:《语言论》,袁家骅、赵世开、甘世福译,钱晋华校,北京:商务印书馆,1980年,第4页。
[④] 李宇明、陈前瑞:《语言的理解与发生——儿童问句系统的理解与发生的比较研究》,武汉:华中师范大学出版社,1998年,第3页。

如此生动、鲜明的表达。"①这就是生动的语言具象性和个体特征的体现。美国语言学家史蒂芬·平克说："目前，世界上仍有5000多种不同的语言存在。从单词和语素的排列次序角度看，这些语言至少有45个共同点。无论哪一种语言，我们都能轻松找出几个独特的地方。遗传、变异、隔离是导致语言差异的三大原因。"②人类的语言既有共同点，也有各自的独特之处，所以学者能从不同角度对语言进行分析，所以人们能够掌握除母语之外的其他语言。人们由于主观或客观原因有交往的隔离，但并不会真正断了交往，而这正是因为语言有共情境性和共实践性的特点。

  语言的本质是什么呢？丹麦语言学家奥托·叶斯帕森认为："语言的本质乃是人类的活动，即一个人把他的思想传达给另一个人的活动，以及这另一个人理解前一个人思想的活动。"③而瑞士新教神学家H.奥特则认为："语言的本质——指我们每天赖以活动的人的日常口语——还可能含有我们日常的真实的本质自身。"④他们认为，人的思想是通过语言来表达的，语言是人和外部世界沟通的桥梁，反映在我们的日常口语中。所以，无论是西方的希腊神话还是东方的中国第一部诗歌总集《诗经》，虽然距今已几千年之久，但一直是人类共有的精神财富，这是书面语言在人类交流沟通中的重要性之体现，也是人类语言的共性——共情境性与共实践性的体现。

  罗素说："语言，这个我们借以表达科学知识的唯一工具，在其起源及其主要功用方面，基本上是社会性的。"⑤由此也可以说，语言属于一种

---

① 理然：《帝俄时期：从汉学研究到中国文学研究》，见阎纯德主编：《汉学研究》第四集，北京：中华书局，2000年，第95页。
② ［美］史蒂芬·平克：《语言本能：人类语言进化的奥秘》，欧阳明亮译，杭州：浙江人民出版社，2015年，第241页。
③ ［丹麦］奥托·叶斯柏森：《语法哲学》，何勇、夏宁生、司辉等译，北京：商务印书馆，2010年，第3页。
④ ［瑞士］H.奥特：《不可言说的言说：我们时代的上帝问题》，林克、赵勇译，北京：生活·读书·新知三联书店，1994年，第40页。
⑤ ［英］罗素：《罗素文集》第九卷《人类的知识——其范围与限度》，张金言译，北京：商务印书馆，2012年，第21页。

制度文化。爱德华·萨丕尔说，"言语这人类活动，从一个社会集体到另一个社会集体，它的差别是无限度可说的，因为它纯然是一个集体的历史遗产，是长期相沿的社会习惯的产物"，它"是一种非本能性的、获得的'文化的'功能"。[①]但是"言者意之声"的声会很快消失得无影无踪，怎么办呢？于是有了"书者言之记"之法，即结绳、刻符等最初的文字记载方法。无论这一方法的产生是否为一种纯偶然现象，其最大益处是为我们留下了文字记录，使我们得以认识到"语言乃是我们的社会活动（也就是人类特有的活动）中最简单和最基本的活动"[②]。可是，这也只不过帮助人类进行有限的记忆而已，其误差也是不得而知的。于是，人们又创造出图画式书写以记言。如《左传·宣公三年》记载，王孙满回答楚庄王问鼎之大小轻重时说："在德不在鼎。昔夏之方有德也，远方图物，贡金九牧，铸鼎象物，百物而为之备，使民知神、奸。故民入川泽山林，不逢不若。螭魅罔两，莫能逢之，用能协于上下，以承天休。"这就是先民使用图画传递信息的实例。但是，这种传递信息之法的缺陷是明显的。每个人可以依据自己的经验或者愿望对图画进行解读，想要统一意义、信息，还需要依靠具有权威的有声解读式的再次传递，因为，人类语言最为独特的地方就在于"能够传达关于一些根本不存在的事物的信息"[③]。

在中国，很多汉语文字保留了指称事物的基本信息，对消除误解起到了很大的作用。人们对任何事物都有自己的理解，难以克服主观性描述事物的本性。中国先民在造字之初，或许就是为了避免口语上的言说带有个体的主观因素，才以模拟自然事物的本真之法去构建字形。如对有形物体的造字，是抓取其特征，以线条来描画物体的主要轮廓，日月花草鸟鱼虫

---

① [美]爱德华·萨丕尔：《语言论——言语研究导论》，陆卓元译，北京：商务印书馆，1985年，第4页。
② [美]布龙菲尔德：《语言论》，袁家骅、赵世开、甘世福译，钱晋华校，北京：商务印书馆，1980年，第42页。
③ [以色列]尤瓦尔·赫拉利：《人类简史：从动物到上帝》，林俊宏译，北京：中信出版集团，2017年，第23页。

兽皆是如此。古人有时会将物件本体制为一个字，在言说对该物件施以动作时则在原字基础上特别添加一个表示动作的字符，使之成为一个"合体"字，使人们不至于在阅读、交际时产生混淆、误解。比如"鼓"字，作为物的"鼓"写作 ，就是它的象形，但是在表达击鼓意义时，则在 旁增加了一个类似手持棍锤样式的字符，即 （攴）字，从而组合成为 （《合集》[①]30388）、 （《合集》20075）等。读者在不经别人解释的情况下，也能够明白这些合体字是击鼓的意思，不会有误读、误解。但是随着社会的复杂化程度不断提高，语言表达不可能完全将有形无形的事物陈述清晰，更何况文字了，所以人类一直走在创造新的沟通方式的路上。

德国哲学家海德格尔在其《语言的本质》演讲中引用了斯特凡·格奥尔格的《词语》这首诗，并进行了详尽分析，说"这首诗成功地成了吟唱语言的歌"，即这首诗阐明了语言的本质。在此，我们将《词语》照录于下：

　　我把遥远的奇迹或梦想
　　带到我的疆域边缘

　　期待着远古女神降临
　　在她的渊源深处发现名称——
　　我于是把它掌握，严密而结实
　　穿越整个边界，万物欣荣生辉……

　　一度幸运的漫游，我达到她的领地
　　带着一颗宝石，它丰富而细腻

[①] 《合集》即《甲骨文合集》的简称，由郭沫若主编，胡厚宣总编辑，中国社会科学院历史研究所《甲骨文合集》编辑工作组集体编辑，由中华书局于1978—1982年出版。

她久久地掂量，然后向我昭示：
"如此，在渊源深处一无所有"。

那宝石因此逸离我的双手
我的疆域再没有把宝藏赢获……

我于是哀伤地学会了弃绝：
词语破碎处，无物可存在。[①]

语言学家在探讨语言的本质时，大多数是进行纯理论层面的分析和哲学层面的探讨，是对语音、语词的构成和句式的组合规律的技术性分析。然而语言随着人类社会的发展，除了表面形态有变化，所蕴含的意义也有了变化，人们如果以"今日"的观念去解读"昨日"的语句，那就是"词语破碎处，无物可存在"，是会出问题的。

第二节 语言的发展演变与误解的产生

语言非常奇妙，呈现的内容千奇百怪、千变万化：有时很容易明白，有时非常艰涩；有时亮丽明快，有时灰暗沉重；有时能够挽救一个生命，有时却能置人于死地；有时像一曲美妙的情歌，有时又像冰冷的武器。语言可以让人破涕为笑，也可以让人六月寒。人可以因言得福，也可以因言获罪。由语言表达的内容、技巧造成的喜怒哀乐常常上演，如谈判专家常常以语言化解危机，又如中国历史上曾经出现"道路以目"的现象，人们在路上相遇，为了避免牢狱之灾，只好用目光代替语言进行交流。虽说语

[①] 转引自[德]海德格尔：《海德格尔文集·在通向语言的途中》，孙周兴译，北京：商务印书馆，2015年，第215—216页。

第一章 语言的最初特征与语言误解的产生

言是人类用于交流的主要工具,有"技术"的特性,但它由人创造,用于社会之中,因而也具有"人性"。

人类创造了语言,但是语言自身的善变多彩与社会的变革,使得即使是文字记载的东西,也可能逐渐失去原貌。比如在经历了秦汉战争的社会变迁后,汉代人对先秦时期的文字记录产生疑惑。人类虽然创造了语言并时刻运用它,但一直捉摸不透它,有时甚至无法控制它(人类创造出来的东西有时竟然能够脱离创造者的掌控——一些科幻电影就将这种担心以艺术手法表现了出来)。所以,长时间以来,中外均有巨擘倾其毕生研究语言,要么研究经书里的语言意蕴,要么研究经书里的语言结构,要么研究普通人的日常言语表达,要么将不同语言进行对比,一探语言的究竟。而语言的神奇美妙,还将引诱人们继续探寻下去。

语言产生后,人人都要使用这一工具进行交流,正如朱自清在《说话》[①]中所言:"谁能不说话,除了哑子?……哑子虽然不说,却也有那咿咿呀呀的声音,指指点点的手势。"可是,在说的过程中会有许多状况出现,影响交流的顺利完成。因为"说话并不是一件容易事",就像朱自清说的:"人生不外言动,除了动就只有言,所谓人情世故,一半儿是在说话里。"他还引用《尚书》里的"唯口出好兴戎"来说明"一句话的影响,有时是你料不到的,历史和小说上有的是例子"。的确如此!因言得宠或因言获罪,有说者说的艺术性的原因,也有听者的理解的原因。汉语中有一个词语是"祸从口出",因此中国古人做出"慎言"的训诫,认为在争辩中"沉默是金"。他们从教训中总结出少说话,在有些场合最好闭紧嘴巴不说话、不发表意见的"金科玉律",因为搞不好,听者或者好事的传话者将说者的意思曲解了、误解了甚或错解了,而说者又没机会解释,或者离开了当时的语境,解释也显得苍白无力了,就会"越抹越

---

① 朱自清:《说话》,见林语堂:《说话的艺术》,西安:陕西师范大学出版社,2009年,代序第1页。

黑""跳到黄河也洗不清"。可是,"话不说不明,灯不挑不亮"之说又彰显着要坚持申明自己的态度,说清楚事情的是非曲直的观点。这些矛盾的言语表达,也反映出中国古人已经意识到了语言的复杂多变性。语言既然是人类的交际工具,那么"到哪个山头,唱哪首歌""见人说人话,见鬼说鬼话"就成为一种交流技巧。可见说话真是一件不容易的事呢!我们天天都在说话,却不见得是会说话的。①

人类社会的误解现象是伴随着人类认知的脚步在不断消除和不断增加的。比如,关于大自然,后人便常对前人的说法进行补充更正。比如人们曾经以为鲸鱼是一种鱼,随着观察研究的深入,现在知道鲸和鱼虽然有着相似的外形,却属于不同物种。这就是人类在不断的科学探索中对误解进行的纠正。然而,人类想要消除自己创造并使用的交际工具——语言产生的误解则要复杂得多。语言是一种社会现象,是人类的伟大创造,又随着社会的发展而演变,可以说,语言的进化(当然是功德无量的进化)是以牺牲它的共实践性和共情境性为代价的。按照A.P.鲁利亚②的说法,词语在脱离其实践语境变成一种共语义体系的过程中,不可避免地造成了语言和人的情感活动在某种程度上的分离,由此,词语的原有指称意义就会发生一部分或者全部的改变。因为词语作为语言的建筑材料,具有可移动性,是语言中最便于传播的内容,但是它原有的指称物体不一定会随之传播,也就是说,在原有的交流场,词与物是一一对应的,但是到了新的交流场,就不一定还是原来的对应关系了,词语成了缺少与物的共实践性与共情境性的"声音"了。于是,在语言活动里,误解便产生了。语言是最有价值也最难使用的工具(精神工具),它既具有传递和沟通信息的作用,也有剥离、耗损其他有效信息的副作用。此外,人的情感世界中的许

---

① 林语堂:《说话的艺术》,西安:陕西师范大学出版社,2009年,第1页。
② A.P.鲁利亚是苏联著名心理学家,是神经心理学的创始人,在普通心理学、病理心理学和儿童心理学等方面也有很深的造诣。他和另一位心理学家维果茨基提出了文化历史发展论,认为心理学必须研究意识和人类的高级心理机能。其中,中介思想和内化思想是该理论的两个重要思想,在心理学界受到了广泛重视。

多因子根本就无法用语言这一媒介来传送,即所谓的"只可意会,不可言传"。同时,人类在使用和改进语言这一工具时,运用其他沟通工具的能力逐渐萎缩。在这些情况下,语言误解的产生便不可避免了。

语言和思维的关系也经常成为研究者研究语言误解时的话题。爱德华·萨丕尔在谈到什么是语言时,指出了这一误解话题。他说:"常有人提到这个问题:没有语言,思维是否可能。或者进一步问:语言和思维是否不过是同一心灵过程的两个方面。这个问题到处逢到误解,以至更加变为难题。"①可见,误解现象发生在日常言语中,也发生在形而上的哲学领域里。随着人类精神世界的日趋丰富、交流的日益频繁、运用电子设备隔空交流方式的普遍化及人类对自身认识的日益深入,人类交际活动中会越来越多地"存在着某些超语言范畴,这些范畴和现存语言中或多或少偶然的事实无关"②。因此,运用语言这一交流工具的种种无奈也将越发凸显,误解现象也必将越来越多。

每一个民族的语言,在长期发展过程中,都会逐渐形成自己的规范并约定俗成,为民族全体成员所共同遵守。因为只有拥有合乎规范的语言交际,才能彼此理解,交际目的才可以顺利实现。若要"创新",另起炉灶,其后果要么是交流失败,要么是造成严重误解,出现危机。持不同语言的不同民族进行跨文化交流时,更应该熟悉对方的语言规范,尊重对方的语言习俗,因为"人本质上是一种理解的生物。他的每一个行动(也)是理解的行动"。但要注意的是,"哪里有'理解',哪里就有误解、阻塞、尚未理解"③,误解的产生与理解形成的条件并不一一对应,误解随时都可能产生。

---

① [美]爱德华·萨丕尔:《语言论——言语研究导论》,陆卓元译,北京:商务印书馆,1985年,第12页。
② [丹麦]奥托·叶斯柏森:《语法哲学》,何勇、夏宁生、司辉等译,北京:语文出版社,1988年,第54页。
③ [瑞士]H.奥特:《不可说的言说:我们时代的上帝问题》,林克、赵勇译,北京:生活·读书·新知三联书店,1994年,第9页。

语言作为人类交际工具，在共情境性、共实践性的共性下，具体语言也有个性。语言在作为某一种语言或某一个人应用的语言时，会彰显这一种语言或这个人的特征。也就是说，不同语言之间有对应也有不对应的语词和形式，指称客观世界的词语有等值的也有不等值的，而不对应与不等值是常有之事，是普遍、寻常的情形。正如阿尔弗雷德·舒茨在谈论一个人理解其他人思想的必要条件时指出的那样，有时出现误解，使交流不顺畅，是其"有关意识结构问题"①。而"语言是社会组织的产物，是跟着社会发展的进程而演变的"②，所以人类语言上的误解也与人类社会的变迁相关联。

　　人的认知总是滞后于社会的变化，受制于所生活的时间和空间，因此，话语的表达总是伴随隐形的文化因素。比如陆地相连或者一衣带水的邻邦，在历史上必定常常有着族群互动、人员往来，有着话语信息的交互、生活物资的互换，有着一方的词语随着物资交换流入对方界域，融入当地生活。但是对于不了解文化接触会使邻邦的某一物品成为己方日常生活中常见物品的人来说，就会表现出你（们）/他（们）怎么会有和我（们）相同的物品或者行为的惊诧。比如在20世纪中期以前，中日两国民众交往很少，一名日本服务员在日本餐馆里看见一个中国人熟练自如地使用筷子时，大为惊讶。有的日本人在首次看见《人民日报》时，竟然感叹："全是汉字呀！"日本人总喜欢拿荞麦面招待中国客人，以为这是他们那里所特有的。③同样，一些对日语没有最基本认知的中国人，以为日文里有许多汉字，学习起来会非常容易，就自以为是地将日语中的汉字按照汉语的语义进行理解。比如看到日语中的"手纸"二字，便轻率地理解为汉语中的意思——卫生间专用纸，而不知道在日语中，"手纸"是"信

---

① ［美］斯蒂芬·特纳、［美］马克·瑞斯乔德主编：《爱思唯尔科学哲学手册·人类学与社会学哲学》（上），尤洋译，北京：北京师范大学出版社，2015年，第34页。
② 罗常培：《语言与文化》，北京：北京出版社，2004年，第108页。
③ 参见钱冠连：《汉语文化语用学》，北京：清华大学出版社，1997年，第5页。

件"之意。诸如此类的误解，心理学家研究后指出，这是由知觉差异引起的。这里的知觉包含直觉和认知。人的知觉有解释的一面，有解释就有理解之差，就会受到一些东西的影响。比如在中西方交往历史中，中国的丝绸是颇为著名的交流物品，可以说是中西文化交往十分重要的物质媒介。那么，西方人最初又是怎样描述中国丝绸的呢，当时的说者（写者）又是如何向他们的民众进行解释的呢？罗常培先生在《语言与文化》一书中有这样的描述：

> 西洋人对于蚕能吐丝的事实好久不能了解，于是发生了很有趣的观念。有的人以为丝是一种植物，生长在树上。在15世纪的时候有一个英国人说："有一种人叫Serres，他们那里有一种树上长着像羊毛一般的叶子。"因此英国人常称丝作"中国羊毛"（Serres' wool）。这种观念的历史很古，罗马诗人Virgil就说过：
> How the Serres spin, their fleecy forests in a slender twine.
> （中国人把他们羊毛的树林纺成细纱。）
> 一直到16世纪，Lyly的书里还记载着很奇怪的传说，以为丝的衬衫能使皮肤出血！[①]

可见西方人对居住在地球另一端人们生活误解之深、之久。因为他们没有见过蚕，没有见过桑树，更没有见过蚕结茧直至吐丝的全程，也就无从得知桑蚕丝的制作工艺等等，在百思不得其解的情况下，只能以自己所见所熟悉的羊毛进行某种类比。当然，这样的联想、类比是走向"谬以千里"的歧途了！

听者（读者）要正确理解说者（写者）的信息，一方面必须具备语

[①] 罗常培：《语言与文化》，北京：北京出版社，2004年，第48页。

言各要素知识，另一方面也必须具备历史、文化、地理环境等"百科知识"。由于世界各地的民族发展历史不同步，文化习俗不同，所处的地理环境、气候条件也有别，言语的语用功能指向存在着差异，对知识的陈述性表述有别，致使人们在解读话语语义时，很可能产生误解。所以直到19世纪，西方一些非常有影响的作家、思想家、哲学家及"饱学之士"在谈及中国时，字里行间也总是充斥着匪夷所思的误解。勃特兰·罗素在批评西方这些偏见时就指出："歌德说中国文化的象征就是柳条家具之轻巧；狄更斯笔下的匹克威克先生评论，认为一个有意义的中国道德是不可能的；亚当·斯密认定中国虽远比欧洲任何部分富裕，但这个民族已经停滞很久了；黑格尔抨击中国人处于低水平的文明，中国人从来没有经历过自我意识的觉醒，向来是专制暴君的可怜奴隶，不可能依靠自己的力量来改变自己；尼采则把中国看作是平庸和停滞的同义词。"① 这些带有偏见的严重认知误解，应该是因早期传教士对中国的有选择的介绍而形成的。或许，早期来华传教士发现这里的语言和文化习俗都与其自身文化有巨大差异，因而首选那些他们观念里的"奇异""诡谲"之事进行描述。一些人在对所见所闻进行描述时，添加了他们自以为合理的解释与评论。但正如罗素在说明撰写《人类知识》一书的思考时所说："人们和世界接触的时间短暂，观察事物又不免带有个人偏见和局限性"②。这些人也一样，他们以讲述故事的手法介绍中国的人与事，为了迁就读者的阅读理解习惯，又将这里的人和事改写成符合他们想象的样子，以他们熟悉的形式进行呈现。比如，发表在《莫斯科人》1852年第2期上的《诗经》里的几首诗歌标题后注有"孔夫子的诗"，这是编译者添加的。③ 这样，读者自然认为《诗经》

---

① 转引自冒键：《妖魔化的镜像——19世纪美国作家对中国的误读》，见阎纯德主编：《汉学研究》第四集，北京：中华书局，2000年，第46—47页。
② ［英］罗素：《罗素文集》第九卷《人类的知识——其范围与限度》，张金言译，北京：商务印书馆，2012年，第11页。
③ 理然：《帝俄时期：从汉学研究到中国文学研究》，见阎纯德主编：《汉学研究》第四集，北京：中华书局，2000年，第90页。

是孔子的作品了。当时，整个西方对中国知之甚少，在谈及中国各项事情时怎会不出现误解？真正的理解是建立在充分了解之上的！

异质语言文化成员之间的误解与其拥有的知识经验、坚守的信念与信仰密切相关，在有了文字交流手段后，误解的影响可能更为广泛而持久，因为"概念系统不是我们平时能够意识到的。我们每天所做的大部分琐事都只是按照某些方式或多或少地在自动思维和行动。这些方式是什么却并非显而易见。要搞清这些，一个方法就是研究语言"①。因为"语言的特征是逐渐地形成的，而且与民族的性格相符合，所以这种特点也必然应当具有某种普遍的品质"。"语言就是每一民族的性格和特点的一幅真实写照。在这幅写照里，人们可以看到想象在怎样按照偏见和热情来把观念组合起来的；在这幅写照里，人们也可以看到，在每一民族中，自会形成一种各不相同的精神，这种精神的差异随着民族与民族之间的交往接触的愈少而相应地愈多。但是，假如风俗习惯对于言语曾有所影响的话，那么，当那些著名的作家们一旦把语言的规则固定下来的时候，语言也就会反过来影响风俗习惯，并且会把它的特点在每一民族中长久地保存下去。"②这就是人类语言具有共性的同时又具有个性的原因所在。

在历史上，中国被称为"礼仪之邦"。但史书上文字记载下来的各种礼仪程式与现实生活中展示的礼仪场景常有出入，各种礼书所载内容也不尽相同，而且后世所能阅读到的文献实在有限，"之所以出现这样或那样的偏颇之说，是由于把礼典和礼书看作一个东西了"③，也因为后来者无法全然复原从前的社会场景，无法完全了解当时的境况。"这样或那样的偏颇"便是认知不足造成的。因而子张问孔子礼的渊源时，孔子回答说：

---

① ［美］乔治·莱考夫、［美］马克·约翰逊：《我们赖以生存的隐喻》，何文忠译，杭州：浙江大学出版社，2015年，第1页。
② ［法］孔狄亚克：《人类知识起源论》，洪洁求、洪丕柱译，北京：商务印书馆，1989年，第230、234—235页。
③ 沈文倬：《菿闇文存：宗周礼乐文明与中国文化考论》上，北京：商务印书馆，2006年，第8页。

"殷因于夏礼，所损益，可知也；周因于殷礼，所损益，可知也；其或继周者，虽百世，可知也。"（《论语·为政》）但同时，孔子也不无遗憾地说："夏礼，吾能言之，杞不足征也；殷礼，吾能言之，宋不足征也。文献不足故也，足，则吾能征之矣。"（《论语·八佾》）

　　语言是人类创造的最为重要的交流工具。随着社会的复杂化，语言逐渐具有社会组织的功能，因此它不是孤立的"形式结构"，而与人类社会各个方面都有着紧密的联系。在不同群体获得某些观念的途径不同的现实情况下，语言表现出来的组合方式自然也就不同了。加之"任何现象都不能和别的现象绝缘而独立存在或发展。各现象间必得彼此关联，交互影响，才能朝着一定的途径向前推进"[1]，因而当人们进行语言互动时，多由于固有思维的操纵从"我（们）"的立场出发，去解释"你（们）"或者"他（们）"的语言和行为，误解现象就在人类历史中反复上演了。比如，北美印第安纳瓦霍（Navaho）语言中原本没有"马"这个词。当欧洲人将马输入该地后，当地人将"狗"名移用于马，让马和狗共用一名。在其他民族看来，真的是"指马为狗"，是将两种毫无关联的动物误解为一物了。[2]在西方哲学中，虽然有学者致力于研究人们的互动现象，但都没有很有效地解决互动中出现的语言障碍问题。无论是韦伯，还是胡塞尔或者舒茨，即使运用对比理论对这些语言障碍进行研究，也没有取得令他们自己满意的答案。因为"我们的语言世界并不简单地与先辈的语言世界一致。不同时代和文化的语言世界与表达方式从不完全一致"[3]。但是，我们可以运用语言误解这一现象，反观不同文化之间是如何达成理解的。

　　在现实生活中，人们在使用语言进行交际时，输出的话语形式或者话语结构往往是不完善的。我们都有过类似经历，当说者试图向他人说出

---

[1] 罗常培：《语言与文化》，北京：北京出版社，2004年，第109页。
[2] 参见罗常培：《语言与文化》，北京：北京出版社，2004年，第114页。
[3] ［瑞士］H.奥特：《不可言说的言说：我们时代的上帝问题》，林克、赵勇译，北京：生活·读书·新知三联书店，1994年，第19页。

（描写出）自己看到的事物，并且期望说得更形象、更明确清晰时，便会使用比喻等手法，殊不知此时已将事物改变了，而听者（读者）在听（读）时，又会依据自己的已有认知，在头脑中对说者的话语进行图式复原。显然，这一过程中也会出现偏差。如果碰巧接收信息者"对外群体的刻板印象和对内群体的偏爱根深蒂固、难以改变"[1]，那么他和别人在进行某些话题的交流时，出现障碍也就难以避免了。在日常生活中，说者如果采用独特的修辞方式表达自己的意思或者情感，听者可能因只对语音、语调或字面信息进行解读，出现偏差性理解；而如果听者从自我角度去解读信息，则可能出现"差之毫厘，谬以千里"的现象。这正如陈望道先生在谈到修辞现象时所讲的，出现误解，"有政治立场、世界观的关系，有社会实践的经验的关系，有自然社会知识的关系，有见解识力的关系，有逻辑因明的关系，有语言文字的习惯及体裁形式的遗产的关系，又有读听者的理解力、感受力等等的关系"[2]。绝大多数人"在描述世界时，主观性是一种坏习惯"[3]，但大家对此却不自知，因为"我们的社会生活不是凭理性，而是凭习惯来调节的"[4]，由此，误解的产生也就不可避免了。

例如，《老子·道经》第十五章有"豫若冬涉川，犹若畏四邻"一句，其中的"豫""犹"何意？与我们现在常说的"犹豫"有无瓜葛？朱谦之在《老子校释》中进行了考证：

> 谦之案：叶梦得《岩下放言》上曰："先事而戒谓之豫，后事而戒谓之犹。犹豫本二兽名。古语因物取义，往往便以其物名之，后世沿习，但知其义，不知其物，遂妄为穿凿，未有不误者。"今

---

[1] 熊伟：《话语偏见的跨文化分析》，武汉：武汉大学出版社，2011年，第14页。
[2] 陈望道：《修辞学发凡》，上海：上海教育出版社，1997年，第7页。
[3] ［英］罗素：《罗素文集》第九卷《人类的知识——其范围与限度》，张金言译，北京：商务印书馆，2012年，第13页。
[4] ［法］约瑟夫·房德里耶斯：《语言》，岑麒祥、叶蜚声译，北京：商务印书馆，2012年，第400页。

按《尔雅·释兽》"犹如麂，善登木"，释文引《尸子》"犹，五尺大犬也"。《说文·犬部》"犹，玃属。一曰陇西谓犬子为猷"。又《颜氏家训·书证》篇"犹，兽名也，既闻人声，乃豫缘木，如此上下，故称犹豫"。《汉书·高后纪》"计犹豫未有所决"。师古曰："犹，兽名也。《尔雅》曰：'犹如麂，善登木。'此兽性多疑虑，常居山中，忽闻有声，即恐有人且来害之，每豫上树，久之，无人然后敢下，须臾又上，如此非一。故不决者称犹豫焉。一曰：陇西俗谓犬子为犹，犬随人行，每豫在前，待人不得，又来迎候，故云犹豫也。"①

由此，我们可以了解"犹""豫"的原义与"犹豫"现在语义的关联，这就是"语言的变迁比文化的变迁慢得多，文字的变迁比语言更慢。有些文化因素早已变了，可是它的蜕形却仍旧在语言文字里保存着"②。但"后世沿习，但知其义，不知其物，遂妄为穿凿，未有不误者"，误解于是产生。而虽然"因物取义"为人类早期的通用行为，但一国之语与另一国之言所指称对象不可能一一对应，因为大自然里不存在完全一模一样的两个物体，所以语言中也必然不可能有真正的同义词。

人们在用不同语言交流时，或听闻过某物之名，但未与此物谋面，实不知此名与此物相配；或既不知此物之名，亦未与此物谋面，那么或许会张冠李戴，或许会茫然不知对方所云何意。假如又正巧遭遇缺少好知求知之品性者，习惯于仅凭一己所见所知便妄下断言，那就未有不误者、未有不起冲突者。比如，在中国人的心目中，竹子不仅是一种植物，而且是耿直、坚挺品质的象征，所以历来是文人墨客描摹歌咏的对象。但是，一个没有听说（阅读）过这些与竹子有关的延伸信息的人在说到竹子的作用

---

① 朱谦之：《老子校释》，上海：龙门联合书局，1958年，第37页。
② 罗常培：《语言与文化》，北京：北京出版社，2004年，第111—112页。

时，可能会说"除了是大熊猫的食物外，毫无用处"。直到通过学习，将"竹子"与竹子在中国人生活中的功能作用和观念隐喻建立起具象性的联系，并悟出汉字"笔""筷""筹""算""策"等的结构理据，他才会真正明白竹子的内涵。

人与人之间不可能不说话，要用说话来传递信息、表达情感，进行交际，但"只有当听者的听觉翻译成适当的和预期的一串印象或思维，或二者兼有，交际才算成功"①。可见，要想交际成功，自然是说者（写者）和听者（读者）双方具有共识最好。如果一方发出的信息里含有对方未知的知识，那么信息传递者就需要进行信息知识补充。比如，中国南、北方地理条件、自然气候存在较大差异，给南方人说"雪上加霜"这个词语时，要想对方理解，就要有进一步的解释。解释"雪"不会有太大问题，虽然南方人很少见到下雪，但是由于当代社会资讯很发达，交通也很便利，雪也不是无法见到或想象的了。但是"霜"是什么，却不容易进行概念性的描述。由于自身特点，霜不容易以图片形式进行展示。霜像雪又不是雪，一般是在深秋初冬的夜间至清晨出现，并不像大雪那样白茫茫一片，也不影响人们的出行。北方人常说下过霜的柿子和红薯才好吃，对于南方人来说，这种说法实在不易理解。同样，"他像霜打了一样蔫了下来"也不好解读。如果说者不能清晰地描述"霜"的颜色和形状，听者就可能出现误解。再比如，有的语言善于用概括性的抽象名词描述自然界的事物，而有的语言则长于借助人们熟悉的物品称说别的事物。澳大利亚土著语言在称说每一种树、鱼、鸟时，都有专名，但没有表示树、鱼、鸟的类名词。而与塔斯马尼亚人交流，遇到要表示事物性质时，要以"像石头一样"来说"硬"；要表示"长"，就说"像大腿一样"；要表示"圆"，就得说"像月亮一样"；等等。②由于人们生活的地域不同，眼睛所见与两耳所闻

---

① ［美］爱德华·萨丕尔：《语言论——言语研究导论》，陆卓元译，北京：商务印书馆，1985年，第16页。
② 参见陈原：《社会语言学》，北京：商务印书馆，2000年，第100页。

的事物各有不同，反映在语言方面，也就有了差别。但是由于"语言总是随着社会生活的多样性、丰富而变得更加多彩"①，人们在误解后也多会恍然大悟。

虽然说随着社会的发展，语言也在发生变化，但是社会的发展变化有时会过快，令民众猝不及防、应接不暇。在没有准备好的情形下，固有文化可能会被另一种文化观念冲击，同时，人们可能会被跳出来的五花八门的所谓"理解言说"左右。这些元素都更加凸显了语言的复杂多样性，而最典型的莫过于对宗教典籍的注释及对文字本义的理解。比如东汉人许慎，是一位非常了不起的文字学家，是语言研究领域的先驱。他在解析汉字字形与释义时是严谨审慎的，但是由于没有看到更早于篆文的甲骨文、金文形体资料，所以他在解析古人创制的某些文字时也难免出现误解，将所见的篆文形体透露的意义误释为字的本义。如他对"元"字的解释："元，始也。从一，从兀。""元"字的甲骨文写作 (《合集》19790)，金文写作 (《集成》②5278)。从甲骨文、金文字形来看，"元"字表示人的头，即"首"义。许慎《说文解字》中关于"元"的注释是其引申义，不是本义。当然，后世文献中，也有"元"的语用义为本义的例子。如《孟子·滕文公下》卷六云："志士不忘在沟壑，勇士不忘丧其元。"赵岐对此句中"元"的注释就是"元，首也"。《左传·僖公三十三年》有："狄人归其元，面如生。"杜预注云："元，首也。"这两处注释是符合语句本来语义的，但是，因不知"元"字甲骨文、金文字形而将其释为他意的竟是越来越多了。后人对前人语义所指产生曲解、误读或者误释的情况，越到后来也越为严重了。这似乎是在所难免的，且中外皆然。如历史上对《圣经》的阐释就有 Hermeneutica sacra (《圣经解释学》)、Isagoge ad sacras literas (《圣经导论》) 等，对《论语》《道

---

① 陈原：《社会语言学》，北京：商务印书馆，2000年，第102页。
② 《集成》是《殷周金文集成》的简称，由中国社会科学院考古研究所编辑，由中华书局于2007年出版。

德经》《周易》等经典文献也有种种解读。又比如，历史学家和政客对某个历史事件的重述，在不同时期会有不同版本，甚至褒贬也会截然相反。所以一代一代学人为了准确阐明经典著作的内涵，为了复原历史事件的原貌，在运用各类哲学阐释抑或科学观点对"原始材料"进行解说的同时，也在解析着人类的语言。比如，"我们现有文字记载的诗文，有时经过重新拼写，改用了新的字母或新的正字法。古希腊《荷马史诗》和《阿维斯达经》的现存文本就是如此。遇到这样的情景，我们便设法拟构原来的拼写法并在相沿传习的原文里揭露令人迷惑或错误百出的现象"①。于是乎，人们发展出了语法学、词汇学、语音学、文字学、心理语言学、哲学语言学、社会语言学等等，并结合人类心理情感与人类生存的自然环境等对历史事件以及经典文献等进行解析。

语言是一种社会现象，因为人类依靠语言传递信息，进行交际。"人类的语言不仅是表达感情的信号，而且是表达理智的、逻辑的、推理的信号，或者甚至可以说，人类的语言本身更多是逻辑推理的产物。"②社会在发展变化，使用工具的人也在代代变更，语言自然也随之发生变化。因此，比如在中国，为了对儒家经典进行准确解说，从东汉起就有了经学家、文字学家许慎《说文解字》式的"小学"③，以消除有意者或无意者的误解，解决"文字的释义之争"而"理群类、解谬误、晓学者、达神旨"。这种对文字准确意义的解读努力一直在延续，如后人在对实词意义进行探究的基础上，又开始重视语言中虚词作用的研究。清人王引之的《经传释词》就是研究虚词的集大成之作，其目的依然是帮助人们准确解读经传，纠正前人的误解或者曲解。王引之在《自序》中说："自九经、

---

① ［美］布龙菲尔德：《语言论》，袁家骅、赵世开、甘世福译，钱晋华校，北京：商务印书馆，1980年，第371页。
② 陈原：《社会语言学》，北京：商务印书馆，2000年，第10页。
③ 中国传统学术中，有对文字的形、音、义的研究，后逐渐形成文字学、声韵学和训诂学。由于识字书写是儿童的重要学习内容，故古人将研习文字、声韵、训诂的学问称为"小学"。

三传及周、秦、西汉之书，凡助语之文，遍为搜讨，分字编次，以为《经传释词》十卷，凡百六十字。前人所未及者补之，误解者正之，其易晓者则略而不论。非敢舍旧说而尚新奇，亦欲窥测古人之意，以备学者之采择云尔。"到了信息化时代，人们更是因为在思想观念、文化理念等方面存在理解差异而在语言上冲突不断，国家之间的"语战"此起彼伏。美国文化学教授亨廷顿认定这种分歧是文化的冲突，并将大多数冲突归结为宗教信仰的冲突。其实，他的观点也是一种误解，语言冲突和误解的成因实际上是多方面的、非常复杂的。

个人好恶等情感因素可能会让人失去判断能力。比如，20世纪时，英国最高层拥有庞大的智囊团，但"这些人物的智商大大高于一般的政治领袖，为什么他们竟然带来了一场浩劫"，因为"他们不倾听别人的警告……他们不愿意听"。[①]可见，即使语言传递的信息是清晰明了的，在一定情感的驱使下，也会出现背道而驰的现象。

人类语言具有多样性，但是就某一种语言而言，它具有表达的范围与限度。可是，历来总有一部分人不愿意承认这一点，固执而傲慢地以自己的母语去对照另一种语言，又因误解得出偏颇离奇的结论。在社会变迁之时，某些语言习惯也会随之改变，也总有人继续采用原来的语言表达习惯，在语言交际时造成误解。假如那些只了解一种新语言皮毛的人进行两种语言句式或两种文化的翻译解说工作、编写所谓的双语词典，那么其中的错解、误解一定不少。例如，美国语言学家布龙菲尔德在其《语言论》中就明确指出了18世纪的语言交互中存在的这种严重问题，他说："海外探险时期，人们对许多语言获得了一知半解的知识。旅行家带回了若干词语汇编，传教士把宗教书翻译成新发现的国家的语言。有些人甚至编写了外语语法和词典。……这些著作用起来一定要很谨慎，因为作者在识辨外

[①] [加] 马歇尔·麦克卢汉：《理解媒介：论人的延伸》（增订评注本），何道宽译，南京：译林出版社，2011年，第29页。

国语音方面没有受过训练，不可能作出准确的记录；而且他们只知道拉丁语法术语，硬套拉丁语法框框，对这些语言作了歪曲的解释。直到现代，没有受过语言学训练的人还编写着这一类的著作；这不仅是徒劳无功，而且很多资料也给损失了。"①不过，在当代，这种情况并没有多少改变，这是异语言之间产生误解的主要原因之一。

---

① ［美］布龙菲尔德：《语言论》，袁家骅、赵世开、甘世福译，钱晋华校，北京：商务印书馆，1980年，第6页。

第二章　人类语言交流信息与引发的误解

人类语言是伴随着人类社会的形成而产生的，又随着社会的变化而发展。一般来说，语言拥有双重意图，即观念的意图（说些什么）以及实在的指称（对某物说些什么）。因而保罗·利科引用梅耶之说，认为在语言中，我们必须思考两件事：它的内在性和它的超越性。[①]这就是说，人类运用语言进行交流在正常情况下是一种对话性互动，也就意味着听者（读者）参与了语言意义的生成过程，而且在互动过程中，思考与诠释一直在进行着。但是，我们也应该清醒地认识到，语言的内在结构和表现层次不是一一对应的。

第一节　人类语言交流信息的特点

人类运用语言进行交流时，具有两大特征：一是具有内在性，二是具有意向性。

---

① 参见［法］保罗·利科：《解释的冲突：解释学文集》，莫伟民译，北京：商务印书馆，2008年，第101页。

一、语言交流信息的内在性

语言交流信息的内在性是指人们运用语言这一工具进行交流的过程包含了交流的全部意蕴。言谈双方首先要有明确的交流信息，其次要确定信息输出的方式。这就如同我们出行前要计划好目的地，然后选择好出行方式与交通工具。在交流中，若一方不能确认自己即将传输的信息，或者对传达信息的方式犹豫不定，就会使对方产生误解；若接收方不能准确地解读听（读）到的信息，也一定会出现误解。而避免误解出现的方式，就是以交流双方共有的经验为桥梁。也就是说，双方的顺畅交流是基于双方的共同经验的，不能"生在山东的常见泰山，便常把泰山来比喻事情的重大，生在古代的常见飞矢，便常把飞矢来比喻事情的快速；或则对应写说者的心境和写说者同读听者的亲疏关系、立场关系、经验关系，以及其他种种关系"[①]。这些关系都会影响语言的表述方式，而语言的表述方式又对信息能否顺利呈现至关重要。因为同一件事情在不同人那里，可以有完全不同的表述方式。比如宋人沈括在《梦溪笔谈》第十四卷里记载的"马践死犬"一事：

> 往岁士人多尚对偶为文，穆修、张景辈始为平文，当时谓之"古文"。穆、张尝同造朝，待旦于东华门外，方论文次，适见有奔马践死一犬，二人各记其事，以较工拙，穆修曰："马逸，有黄犬遇蹄而毙。"张景曰："有犬死奔马之下。"时文体新变，二人之语皆拙涩，当时已谓之工，传之至今。[②]

两人同时目睹一匹奔马意外踩死一只犬，但是叙述方式截然不同，读者读后的感受也会完全不同。这种情况在二语教学中常常出现。师生在学

---

① 陈望道：《修辞学发凡》，上海：上海教育出版社，1997年版，第10页。
② 〔宋〕沈括：《梦溪笔谈》，侯真平校点，长沙：岳麓书社，2002年，第108页。

习互动的信息交流中，由于对某一词语或者句式概念的说明方式有别，在输出与输入中可能会发生概念位移和转换，直接影响交流双方的情绪，导致教学效果不如预期好。比如，中国历史悠久，文化底蕴深厚，地大物博，人口众多，所以有些汉语老师在讲解"悠久""A大B小"时，常举例说"中国历史悠久""中国大×国小"之类，不想却引起某些学生误解，认为该老师"骄傲"，"看不起×国"，甚至要求更换老师，这就是输出者的说明方式引起的误解。此外，交流双方所认知的语义范畴有别，也会造成沟通上的困难，或者出现误解。

当文字产生后，人们的语言交流扩展到对文字的解读，使得交流过程中的误解更为常见。人们在阅读时，因为知识的多寡、情感的异同以及对文字的背景熟悉与否等因素，常常会有不同的解读，有时就会出现误读、误解。比如对某一学科进行命名时，如果语境条件缺损，则很可能使一部分读者或听者产生误解。如邢福义先生就认为，"文化语言学"比"人类语言学"好，因为虽然"说文化语言学就是当代人类语言学也是可以的。不过，文化语言学这个名称比人类语言学的名称要好。因为'人类语言学'容易使人误解为是研究整个人类的语言的，从而误认为与'普通语言学'是同一门学科"[①]。

语言的语音或者记录语言的文字所呈现的意义与其内涵不一定一致，即俗话说的有言外之意。操不同语言者在进行语言交流时，由于双方语言为客观世界的万事万物命名的原则、意义的取向在最初发生时就不同，造成了词语的语义范畴有别，对所谓的言外之意就不容易理解，甚至会反向理解，使误解随之产生。单就文字的指称而言，一般不容易出现理解问题，但文字所指客体的隐含意义，常常被听者（读者）误解。这里的文字所指客体的隐含意义相当于弗雷格所说的"涵义"。英国语言学家科林·麦金在其《语言哲学：经典诠释》一书中是这样阐释弗雷格的"涵

---

① 邢福义主编：《文化语言学》，武汉：湖北教育出版社，1990年，第32页。

义"的：弗雷格用数学公式"a=b"表示名称a和b"具有相同的指称，却不具有相同的涵义"。① 所以，在语言的实际交流中，交流双方为了更好地理解彼此，时不时要进行补充性说明。在语言教学过程中，尤其是课堂教学中，老师如果只满足于对某一个词的字面意义的解释，一味地对一个句子进行纯语法理论上的结构分析，学习者就不可能真正理解词意和句意。要想使学习者体会语义，老师"必须认识语义实在的另一个层面——涵义层面"②，只有这样，才能帮助学习者辨析清楚近义词语之间的细微差异。

二、语言交流信息的意向性

语言在输出时，是具有传达意向性的。说者的言谈是转瞬即逝的，在这短暂的过程中，存在着一系列不被察觉的辅助元素。说者在一定的语气、语调下，顺畅地一句接一句输出或者时断时续、快慢不一地输出，总体上都是不断说出新句子，聆听者要完全理解这些句子而不出现偏差，并不是一件轻而易举之事，因为语言系统本身具有不对称的特点③，有语音的不对称，亦有词语表达意义的不对称，还有词语结构的不对称和语法语义的不对称。语言的不对称特点会引起说者的传达意向与听者接收理解上的偏差。如"烙饼""炒饭"在语法上是两可的，可以是动宾结构，也可以是定中结构，即重音可以在第二个音节上（烙`饼，炒`饭），也可以在第一个音节上（`烙饼，`炒饭）。④ 如果说者的重音不明显，或者听者没有注意说者重音的落点，那么交流中就可能出现误解。这也是在语言交流中，我们时常会遇到听者突然问"你说什么"的部分原因——这是听者在不能

---

① ［英］科林·麦金：《语言哲学：经典诠释》，刘龙根、朱晓真译，上海：上海交通大学出版社，2017年，第11—12页。
② ［英］科林·麦金：《语言哲学：经典诠释》，刘龙根、朱晓真译，上海：上海交通大学出版社，2017年，第12页。
③ 参见沈家煊：《不对称和标记论》，南昌：江西教育出版社，1999年，第4页。
④ 参见沈家煊：《不对称和标记论》，南昌：江西教育出版社，1999年，第4页。

判断自己对说者的传达意向理解是否准确时发出的追问,并不一定是他没有听清楚说者的语音。

有声的语言交际过程中,听者可以选择性地屏蔽交流对象传递过来的信息。在某些情况下,接收信息的一方可以"没有听清楚"为由,争取有利于自己思考的时间,以便稳妥地回应对方。但是,在人类历史上,除了用有声语言交流信息的时候,还有用实物传递信息的时候。比如古希腊历史学家希罗多德在其《历史》一书中,记录了波斯王大流士征伐斯奇提亚人时的故事。这个故事说的是波斯王大流士与斯奇提亚人的战争正处于胶着状态时,斯奇提亚人派出一名信使,给波斯王大流士送了一封包含一只鸟、一只老鼠、一只青蛙和五支箭的实物信。这封实物信要传递什么信息呢?也就是斯奇提亚人要和波斯王大流士交流什么呢?斯奇提亚人送来实物信的真实意向又是什么?这种情况下,正确解读实物信所传递的信息尤为重要。因为敌对双方正处于僵持状态,准确解读才有利于制定正确的作战方案。如果误读、误判了对方的意向,情况必然不利于自己,甚至会导致己方失败。史书记载,波斯王大流士与其部下探讨解读实物信时,产生了分歧。波斯王大流士依据因己方以前的胜利所形成的固化认识,从对方应该为败将的预设视角出发,坚持认为鸟、老鼠、青蛙和箭都是对方向他臣服的象征,所传递的信息是向他提出和解、投降。他的谋士对局势保持着清醒认识,解读与他相反,认为这是对方送来的警告信息:波斯王大流士等着灭亡吧!但是谋士不能说服过于骄傲的波斯王。最后事实证明,谋士对这封实物信的解读是正确的。[①]这则实物交流与理解实例,其实也说明了"语言"在输出与输入途中会发生语义变更。在信息"出"与"入"的过程中,有传递意向与理解意向的博弈。在缺乏必要语境辅助,如面部表情、语气语调等非语言信息时,影响接收信息者准确理解信息含义的因素之一可能是接收者"此时"的语言对策。比如波斯王大流士对斯奇提亚

---

① 参见陈原:《社会语言学》,北京:商务印书馆,2000年,第39—40页。

人送来的实物信息的误判,就是其主观意识造成的。因此,正如弗雷格所言:

> 符号的指称与涵义应当与相关的想法区分开来。如果符号的指称是可以通过涵义感知的客体,我关于这个指称的想法是一个内心的意象。这个意象产生于我所具有的感官印象记忆与我所实施的外在与内在的行为。这样一种想法经常充满感情;这个想法的不同部分的清晰程度变化不定。即使在同一个人心中,同一个涵义也并非始终与同一个想法相联系。这个想法是主观的;一个人的想法并非另一个人的想法。作为必然的结果,与同一个涵义相关联的想法就存在各种差异。画家、马夫、动物学家大概会有不同的想法与"布塞弗勒斯"(亚历山大大帝的战马名——译者注)这个名字相关联。这构成了想法与符号之涵义的本质区别;符号的涵义可能是许多符号的共同性质,从而不是个人内心状态的一部分。这是因为人们几乎无法否认,人类具有共同的思想积累,代代相传。[①]

通过弗雷格这段阐述语言在表达心里真实想法与词语"涵义"指称的矛盾的文字,我们应该明确意识到"心里的想法对于人们掌握涵义可能是必不可少的,但这并不意味着涵义与想法就是相同的东西"[②]。

在文字产生以前,作为语言的辅助性交流手段,图画交流曾被人类广泛使用。比如,"一位曼丹印第安人给一个皮货商人寄去下面这样的一幅画:当中是两根交叉的线;交叉线的一边画着一支枪的轮廓和一张海狸皮,海狸皮上方画了二十九条平行的线条;交叉线的另一边画着一只黄鼠

---

① 转引自〔英〕科林·麦金:《语言哲学:经典诠释》,刘龙根、朱晓真译,上海:上海交通大学出版社,2017年,第20页。
② 〔英〕科林·麦金:《语言哲学:经典诠释》,刘龙根、朱晓真译,上海:上海交通大学出版社,2017年,第20页。

狼、一只水獭，和一头水牛。大意是说：'我愿意用一张黄鼠狼皮、一张水獭皮，和一张野水牛皮革，交换一支枪和三十张海狸毛皮。'"[1]显然，与波斯王大流士解读斯奇提亚人的实物信一样，接收信息的一方，即读画者能否完全理解画中之意是值得怀疑的。这也使我们认识到，要想准确理解接收到的语言信息，还"必须洞悉发出信息时的社会环境"[2]。因为人类的交流虽然以有声语言为主，但也有其他辅助性交流方式，无论如何，"语境对于理解信息（语义）是十分重要的，常常有决定意义"[3]。

第二节 语言信息传达向度的偏差引发的误解

人类运用语言进行交流时具有一定的倾向性，人类语言有直向性传达和倾向性传达两个向度。

一、语言信息的直向性传达

所谓直向性传达，是指利用语言作为信息传达的工具，将传达目的或者意向明确的观点传递给听者。这是一种不存在陷阱的传达，也是语言作为人类交流工具的本真功能，是人类发明语言这一交流工具的初衷。虽然人类个体的言语在语言结构上会有变化，如说者要强调自己赠送某人某件物品时会说"我送某物给某人"，而如果说者要强调某人的某件物品是自己赠送的，则会变换句子结构说"我送了某人某物"。两句话虽语序不同，但在信息传递过程中都不会产生误解，语言信息在输出与输入的道路

---

[1] [美]布龙菲尔德：《语言论》，袁家骅、赵世开、甘世福译，钱晋华校，北京：商务印书馆，1980年，第357页。
[2] 陈原：《社会语言学》，北京：商务印书馆，2000年，第41页。
[3] 陈原：《社会语言学》，北京：商务印书馆，2000年，第42页。

上没有出现岔道口。

在语言传递信息的途中，主观作用与客观作用同时存在，与发送者和接收者双方是否具备共同的必要的信息源密切关联。如果有一方的信息源模糊，那就有出现理解偏差的可能。例如，2019年，曾国祥导演的电影《少年的你》中有这样一段对话：陈念（周冬雨饰）被同学欺凌后不敢回家，躲到小混混小北（易烊千玺饰）"家"。小北睡在破沙发上，问陈念："热不热？"陈念不明白小北的言语传达意向，回答说："不热。"接着，陈念问小北："硬不硬？"小北愣了一下，听陈念补充说"沙发硬吗？"才明白过来。小北以自己的主观理解，误以为陈念话语中所含的意思与自己一样，因而理解出现了偏差。对于小北而言，他的性意识较为明确，他的问话是有意向的，是暗含"陷阱"的，只是他采用的不是直向性传达。但是，对于陈念来说，她处于羞涩、恐惧状态，对小北有些许感激，但绝无性的躁动，自然不可能理解小北口中"热"的隐含意义。小北的问话含有言语上的陷阱，而陈念的问话则没有，是在直向传达交流信息。在特殊语境下，他们二人对"热"和"硬"词义的心理期待和感知联系完全不同，因而分析判断也就不同。

在高度信息化的时代，人们的交流基本上已不受限于距离，交流很便捷，但是由于有时区上的差异，人们传递信息和理解信息也产生了时间差，成为交流领域里误解产生的新缘由。比如分别身处美国加州、中国西安和中国北京的三人在谈论美食，加州那边的朋友发了一张照片，上面是一个锅里炖着菜，附言"增味锅"。西安和北京两地的朋友惊叹："这么神奇的锅！"在这两位朋友的潜意识里，现在有许多高科技产品，"增味锅"自然是可以按照个人喜好"增加味道"的锅！直到过了两分钟，加州那边的朋友才发来信息解释说"增味锅"是锅的品牌名。在第一条信息发出与解释信息发出的时间差中，误解就产生了。可见，我们在运用语言进行交流时，要保障信息的直向性传达也是有些困难的。

二、语言信息的倾向性传达

在用语言进行交流的过程中，说者语言传达的目的或者情感意向会使其语言表达具有倾向性。比如现实生活中，以讹传讹的现象屡见不鲜，传讹者在自身潜意识的役使下关掉了理性分析与客观判断的闸门，不设任何障碍地接收有误的信息并往自己希望看到的方向夸大被误解（错误）的信息，将信息再次输送出去，结果就是有的说是"黑的"，有的说是"白的"。在学术史中，我们也常常看到这样的案例。如东汉人许慎在《说文解字》序言中就说自己撰写这本书的目的，是让儒者能够正确阐释儒家经典，而不是按照个人的主观意愿去解读经书里的字义文意，即许慎认为，解读经书应该尊重原文意义，解读者不应该带有主观倾向性。

人类不同族群思考问题的角度是有差异的，对文化的评判或者对文明的喜好是有倾向性的。无论是传统的口耳相传，还是借助书写工具或者新媒介方式，人们总要用语言来叙述或者描写观察社会和大自然进行思考后所得的结论，在此过程中，自然会有偏差。但人类一直尝试着避免偏差，企图在语言断裂处建立新的联系点，也发现了原来信息是可以连续陈述的。这种连续陈述怎么能够出现？我们以哈佛大学教授塞缪尔·亨廷顿在其《文明的冲突与世界秩序的重建》中文版序言的申明为例来说明：

> 中国文明是世界上最古老的文明，中国人对其文明的独特性和成就亦有非常清楚的意识。中国学者因此十分自然地从文明的角度来思考问题，并且把世界看作一个具有各种不同文明的，而且有时是相互竞争的文明世界。因此，据我所知，中国学者对我1993年的文章《文明的冲突》所作的评论总的来说精深而富有洞见，虽然他们有时也误解了我论证中的政策含义，并对之持相当批评的态度。为此，我的完整著作现在尤其应与中国读者见面，这样他们便可以了解我对世界政治所作的分析的更全面、更精确和更详尽的版本，

而不仅仅是从一篇30页的文章中可能了解的东西。①

撒开具体内容，塞缪尔·亨廷顿的这段话说明了三个问题：第一，人们对世界问题的看法与其自身历史相关；第二，误解的产生与语言传达意向与接收者的理解倾向相关；第三，消除误解或许需要更全面、更精确地传递说者的本意。这也说明了人类思考问题、看待世界时，在思维模式上的差异。需要强调的一点是，塞缪尔·亨廷顿所持的冲突是由文明不同而引发的观点也是有问题的，是对文明实质的误解。

人类文明也是多元的，是人类祖先在不同区域勤奋劳作、智慧沉淀的果实。遗憾的是，"我们的社会生活不是凭理性，而是凭习惯来调节的"，之所以出现冲突，实在是我们用语言进行沟通的意识和方式出了严重问题——人们多是从自己的立场出发，用"我"的表达方式去说给"他"和"你"听，听者也是以自己的心理期待和表达习惯解读听到的信息，从而使误解不断上演的，甚至是重复上演。比如在谈论中国人时，有些人一定不是根据史实来谈论的。对此，伏尔泰指出：

> 我们在谈论中国人时，不能不根据中国人自己的历史。他们的历史已由我们那些热衷于互相诘难的各个教派——多明我会、耶稣会、路德教派、加尔文教派、英国圣公会教派——的旅行者们所一致证实。不容置疑，中华帝国是在4000多年前建立的。……如果说有些历史具有确实可靠性，那就是中国人的历史。正如我们在另一个地方曾经说过的：中国人把天上的历史同地上的历史结合起来了。在所有民族中，只有他们始终以日蚀月蚀、行星会合来标志年代；我们的天文学家核对了他们的计算，惊奇地发现这些计算差不

---

① ［美］塞缪尔·亨廷顿：《文明的冲突与世界秩序的重建》，周琪、刘绯、张立平等译，北京：新华出版社，2010年，中文版序言。

多都准确无误。其他民族虚构寓意神话,而中国人则手中拿着毛笔和测天仪撰写他们的历史,其朴实无华,在亚洲其他地方尚无先例。①

伏尔泰的话也就是告诉人们,解读他人的信息必须从其客观事实出发。

无论什么文明,都是人类共有的财富,是人类在发展进程中知识、经验的沉淀,是先辈留给后来者的智慧结晶,是互为补充的。世界之所以不够和平,乃是因为一些人孤傲地摒弃其他文明,对"他者"文明、文化不了解甚或有误解。人们有时会陷入自信的假象,进行所谓"合理推论",或者以偏概全地进行假设并下结论,自然容易产生误解。如果人们能够虚心地了解"他者"的文明、文化,接受所有的文化都是人类共有财富的理念,那么就不会有误解,又何来冲突呢?但是,遗憾的是,我们的社会历来存在着倾向性的信息解读与研究。

倾向性的研究观点往往会因为研究者的权威地位而引导普罗大众对重要事件产生误解。如英国历史学家阿若德·约瑟夫·汤因比对人类文明的叙述,"往往有一种偏向:倚重宗教的问题,忽视空间的问题,尤其是行政和法律的问题"②。这种符号的"读识已彻底地重建"③的研究,早已不再是信息的记录者或解读者了。但由于汤因比自身的名气,追随他以这种方式解读人类文明和历史的人非常多,由此造成了更多的误解。其实当代人对待人类各种文明的态度应该是虚心了解,真诚地去熟悉、理解不同语言所表达的思想,正如许倬云先生所言:"世界各种文明正在相互碰撞,从碰撞中,有的会被强势文明消灭,有的会在磨合时导致严重的冲突。至今,最居强势的西方文明体系,其中有识之士已经提出了世界文化多元性及彼此'和而不同'的共存,但是西方还有不少当权者强硬地坚持其文化

---

① [法]伏尔泰:《风俗论》上册,梁守锵译,北京:商务印书馆,2009年,第84—85页。
② [加]哈罗德·伊尼斯:《传播的偏向》,何道宽译,北京:中国人民大学出版社,2003年,译者序第Ⅵ页。
③ [法]米歇尔·福柯:《知识考古学》,谢强、马月译,北京:生活·读书·新知三联书店,2003年,第35页。

的优越性，贬斥其他文明为野蛮。甚至弱势文明体系中，有些人也随声附和，强调以西方文明为全球人类文明的唯一境界。这一形势，可能会剥夺了全体人类寻找未来方向的许多可能选项。我们这一代人，尤其不在西方文明圈内的地方，有责任也有权力，将各种与西方文化不同的观念与制度认真地评估与阐释，务使各处的人类都可在'和而不同'的共存中，为未来人类的共同文明塑造多姿多彩的多元体系。"[1]总之，不带倾向性地客观解释和解读人类所有的文明，才是正确的做法。

第三节　语言信息传递真实度引发的误解

语言在传达信息时，无论是直向传达还是具有向度的传递，都存在信息量的多寡问题和信息传递真实度的问题。当语言信息被完全传递出去，接收者获得足以理解意义的信息要素，自然不会产生误解。但是在现实中，无论公共交流还是个体交流，都会出现因为语言信息未完全传递而引发的误解。

交流中，如果有价值的信息传递量不足，引起听者或读者误解的概率就会增大。比如2019年11月28日，新华社公众号发表的《不献血，就算"失信"？听一下权威解释》一文，就是针对民众对国家卫建委等十一个部门联合印发的《关于进一步促进无偿献血工作健康发展的通知》的疑惑的解释。之所以要做出解释，是因为通知中有如下表述：

> 各地应当探索将无偿献血纳入社会征信系统，建立个人、单位、社会有效衔接的无偿献血激励机制，对献血者使用公共设施、参观游览政府办公园等提供优惠待遇，定期开展无偿献血表彰活动。

---

[1] 许倬云：《中国文化与世界文化》，桂林：广西师范大学出版社，2006年，再版新序第4页。

个人无偿献血是一种自愿行为，个体没有对社会或其他人有过承诺，献血与征信无关。通知中对献血者的奖励表述得很具体，信息量充分，但是"将无偿献血纳入社会征信系统"却没有其他说明文字，信息量不足，所以引发了民众的疑惑。这才有了后续解读等信息补救方式。

在交际过程中，传递信息的不完全会使接收信息的一方难以理解。比如听者（读者）听到一个意义不明的语段（读到一篇佶屈聱牙、晦涩难懂的文本），将是很痛苦的事情，也会不知如何理解。这样的信息传递属于无效传递，甚或是负效传递。

法国哲学家保罗·利科在其《解释的冲突：解释学文集》一书中，引用了乔姆斯基《语言学理论中的当代争论》一书的开头："一个训练有素的说话者，可以在适当的时机在他的语言中产生一个新的句子，而其他说话者可以立即理解这个新句子，尽管这句子对他们而言都同样是新的。"[1] 这从一个方面说明，说话者的"新句子"信息量是充足、有效的，而且一定是符合约定俗成的语法规则和命名原则的，所以它虽然是临时产生的，聆听者也能够即刻理解其意义。这样的情景多是在交流双方操同一种语言的前提下出现的，异质语言文化交流者想要不受阻碍地迅速理解对方，可能就要借助进一步的释义和句式结构调整了。

人们在运用语言交流时，为了某些原因，会采用一些交流策略。比如不愿意告诉对方自己的个人信息，又碍于交际礼貌不好生硬回绝时，会采用避实就虚搪塞之法敷衍应对，即用毫无"信息度"的话来应付，以冗余信息干扰交流。这种情况往往是在交往意图的影响下出现的。例如，《修辞学习》1995年第1期刊登了一篇题为《讲话的回避方法》的文章。该文虽然是在论述交际中语言的修辞方式，但是其中的生活场景事例也可以借鉴过来，以分析语言误解成因。

---

[1] 转引自［法］保罗·利科：《解释的冲突：解释学文集》，莫伟民译，北京：商务印书馆，2008年，第108页。

周末晚会上，一待业男青年对一妙龄少女纠缠不休。

男：我好象见过您，您贵姓？

女：我姓我父亲的姓。

男：你父亲姓什么？

女：当然姓我祖父的姓了。

男：你做什么工作的？

女：干"四化"的。

男：你家住在哪里？

女：地球之上。

男：你家有几口人？

女：和我家自行车一样多。

男：那么，你家有几辆自行车？

女：每人一辆。①

从表面看，这个女孩子在回答男青年问话时，给出的是多余信息，即多余话，但这正是女孩子的机灵之处。她用冗余信息成功地干扰了不良男青年。但是不明就里者一定会误解女孩子，认为她答非所问。所以我们常听到这样的话，"听话听音，锣鼓听声"，即要能听出弦外之音、言外之意。对此，吕叔湘先生曾说："任何语言里的任何一句话，它的意义决不等于一个一个字的意义的总和，而是还多点儿什么。按数学上的道理，二加二只能等于四，不能等于五。语言里可不是这样。"②

人们在语言交流中，有解决冗余信息干扰的能力，这就是语言对策能力。语言对策能力中有一项语言意义预测能力，即人们听了上句，基本能猜到对方下句会说什么，因为语言中有大量羡余信息，猜出下句并不是

---

① 卢隆光：《讲话的回避方法》，载《修辞学习》1995年第1期，第11页。
② 吕叔湘：《吕叔湘全集》第六卷，沈阳：辽宁教育出版社，2002年，第212页。

十分困难。在实际中,人们的话语预测主要是对会话走向的预测。比如在汉语表达中,重要信息往往被放在话语的末尾,在说出主要信息之前,一般都有铺垫或前奏,因此人们会通过这些铺垫或前奏预测说者要表达的重点。崔希亮在其《语言理解与认知》一书中,分析钱锺书小说《围城》里范小姐的性格:"范小姐对学校派别毫无兴趣,只觉得对孙小姐还有攻击的义务:'学校里闹党派,真没意思(铺垫)。孙小姐人是顶好的(前奏),就是太邋遢,满房间里都是她的东西(主要信息)——呃,赵先生,对不起,我忘掉她是你的侄女儿。'"当听者听到"孙小姐人是顶好的"这句话的时候,就知道下面肯定隐藏着一个转折,而下面要说的话才是说者要传递的主要信息,这是听者完全可以预测的。[①]对此,崔希亮先生以"言语对策能力"进行分析,指出语言中充满了羡余信息,所以听者可以进行预测,理解说者的真正含义。当然,这种预测是在交流双方都能够熟练运用交流语言的基础上才可以实现的。在二语教学中,我们很难解释这种预测,因此常常强调这是对目的语的语感。事实上,在异文化交流中,恰恰是这些羡余信息干扰了听者对接收到的信息的解码和准确理解,使之出现理解偏差。

第四节 语言信息的二重性引发的误解

话语(言语)不同于语言,它具有个体性质。"话语并不只具有意义或真理,而且还具有历史"[②]——因为话语是说者在"那一时刻"的言说,故具有历史性。话语发生之后再去解读它,已经时过境迁了,听者已经不了解话语发生时的历史原貌了,在解读时就可能出现误解。实际上,"在

[①] 参见崔希亮:《语言理解与认知》,上海:学林出版社,2016年,第5页。
[②] [法]米歇尔·福柯:《词与物——人文科学的考古学》,莫伟民译,上海:上海三联书店,2016年,译者的话第8页。

人们的语言活动中出现的意义是很复杂的。有语言本身的意义,有环境给予语言的意义;在语言本身的意义之中,有字句显示的意义,有字句暗示的意义……这种种情况从前人也都知道,所以才有'言不尽意''意在言外''求之于字里行间'这些个话"①。而在分析语言技巧时,语言学家创造了"修辞""隐喻"等术语,以便指导有特殊需要的人如演讲者和想成为作家的人更好地表达。因此我们说,语言传递具有外指的、确定性信息和内潜的、非确定性信息的二重性质。

美国语言学家乔治·莱考夫和马克·约翰逊在《我们赖以生存的隐喻》中说道:

> 对于大部分人来说,隐喻不是寻常的语言,而是诗意的想象和修辞多样性的一种策略,非同寻常。而且,隐喻通常被看成语言文字的特征,而非思想和行为的特点。由于这个原因,大多数人认为没有隐喻的存在,他们依然可以自如地生活,而我们发现事实恰恰相反。不论是在语言上还是在思想和行动中,日常生活中隐喻无所不在。我们思想和行为所依据的概念系统本身是以隐喻为基础。②

因此,我们在使用语言时,如果时过境迁而又无法将话语拉回语言输出时的语境,在理解上出现偏差是很容易的。即使是在语言交流的当时,也得留心其隐喻成分,这是因为"话语并不只是一个表象的整体,而是一个对另一个表象有所指示的被复制的表象——即起表象作用的表象"③。比如英语的"get rid of",直译为汉语,是"摆脱",显然是一个动作词,可以说"摆脱××的纠缠""摆脱危险""摆脱贫困""摆脱困

---

① 吕叔湘:《吕叔湘自选集》,上海:上海教育出版社,2019年,第450页。
② [美]乔治·莱考夫、马克·约翰逊:《我们赖以生存的隐喻》,何文忠译,杭州:浙江大学出版社出版,2015年,第1页。
③ [法]米歇尔·福柯:《词与物——人文科学的考古学》,莫伟民译,上海:上海三联书店,2016年,第97页。

境"等等。但是，在英语句子"Would you please get rid of that filthy couch already?""I can't get rid of this headache.""You get rid of her!"中，要是将"get rid of"照字面意义翻译成汉语词"摆脱"，就会特别别扭："能不能把那张脏沙发摆脱了？"（"能不能把那张脏沙发扔掉？"）"我摆脱不了头疼。"（"我一直头疼。"）"你摆脱她！"（"你赶走她！"）汉语"摆脱"所具有的隐喻性或者说它的信息二重性与英语的"get rid of"不等值。汉语"摆脱"一词含有尽量、想方设法的语义信息，而英语的"get rid of"隐含有时间持续的语义信息，所以当其表达时间持续的语义时，汉语应该采用表达时间持续意义的词语。为什么同一个词的隐喻在不同语言中不同？因为"支配着我们思想的概念不仅关乎我们的思维能力，它们也同时管辖我们日常的运作，乃至一些细枝末节的平凡细节。这些概念建构了我们的感知，构成了我们如何在这个世界生存以及我们与其他人的关系"[①]。

在运用语言进行交际时，交际双方所用词语或者句式的外指的、确定性信息以及内潜的、非确定性信息，即语句形式和引申义的差异引发了误解。比如传统相声《请客》中有一段内容大概是这样的：

> 我大爷有一次请客吃饭，请了四位客人，约好下午六点开筵。到五点半来了三位，有一位主客还没有来。我大爷是守信用的人，就等着，一直等到六点半，那位主客还没有来。他急了，自言自语地说："该来的不来嘛！"其中有一位客人听了就不痛快啦："怎么，该来的不来，那我是不该来的呀！走吧！"他一声不吭地下楼走啦！我大爷在楼上左等右等，见那位主客还是没来，反而走了一位，他又说："唉！不该走的走啦！"另一位客

[①] ［美］乔治·莱考夫、马克·约翰逊：《我们赖以生存的隐喻》，何文忠译，杭州：浙江大学出版社，2015年，第1页。

人听见，又嘀咕啦："什么？不该走的走啦！没有诚意请我呀！我是该走的。"于是走了。剩下的一位跟我大爷是老交情，便对我大爷说："兄弟，你以后说话可要注意点，哪有这么说话的呀！'该来的不来'，人家听着当然不舒坦，给你气走了一位。'不该走的走啦'，那留下的还能不走？"我大爷解释说："大哥，我没有说他们俩呀！"这位一听："哦！说我呀，我也走吧！"客人全给气走啦！

这相声之所以好笑，就是因为在听者那里，"我大爷"的话语有了引申义，其实这是语义假象引起的误解。

在交流中，语言的引申义形成语义假象，给人们造成困惑，而语句内潜的、非确定性信息（隐含信息）如果能够成功传达，则会取得意想不到的交际效果，不至于引起交流误解。这也是语言作为交流工具的神奇之处。语言作为人类交流史上最主要的工具，具有两种主要形式：口头交流和书面文字交流。比如后代人要了解以前的史实，最为方便的就是阅读史书。史书自然是由人撰写的，不可避免地会留下主观思想的痕迹，所以有人说，"相信书写的原文可能是言语的正确的表现，那是错误的"[①]。史书中所记载的事情是否为当时的实录，是否能够还原当时的境况，这又得后世研究者进行文字上的详细考证并客观地理解。这种交流是一种无声的交流，加之传抄过程中可能有脱漏、加字或误写，又没有必要的辅助语言给予帮助、理解，很容易出现错解或者偏差。比如中日虽有两千多年的交往史，但对"倭国"称谓的真实来历至今不得其详。《魏志·倭人传》中有"倭奴国"之记载，但是范晔在《后汉书》中解释，"倭奴国"是"倭国之极南界也"，这就是他的误解了。之所以产生这样的误解，日本历史学

---

① ［法］约瑟夫·房德里耶斯：《语言》，岑麒祥、叶蜚声译，北京：商务印书馆，2012年，第388页。

家藤家礼之助在其《日中交流二千年》一书中做了探讨："一般认为是因为在《魏志·倭人传》中有关于两个'奴国'的记载，另一个奴国可能是应写作某某奴国，而把某某脱漏了，也可能是重复出现的国名，也可能是某个国名的异国，虽然无法确定，总之人们认为（也是这么写的）是存在于（南方的）境界尽头的一个小国。不知范晔出于什么原因而采取了这种看法，把它理解为曾向光武帝朝贡的'奴'国。"①如果读者仅仅阅读范晔的《后汉书》，就会继续误解下去了。

在进行两种语言互译时，要特别注意不同语言的隐含信息，比如英语中的指代词"this"和定冠词"the"在对译汉语时，既可以是"这（位）"，也可以是"这（个）"。"this"表指称，"this book"译为汉语是"这本书"。而定冠词"the"常用来表示限定关系，其后紧跟着的"那个名词是标示一个种类中已经确定了的个体"②，"the book"对译成汉语也是"这本书"。英语中，"this"和"the"都没有情感附加意义，但是汉语的"这位"和"这个"却有情感语义，尤其是指称人时，不是随意使用的，比如"这位老师""这位作家""这位朋友"等等要比"这个老师""这个作家""这个朋友"听起来显得尊敬人，所以正式场合一般采用"位"而不是"个"。我们在日常交流中，常由于这种看似普通的用词不当而引起误解，甚至是大的误解。钱冠连《汉语文化语用学》中就有这么"一个小例子"：

> 比如1995年11月6日上午，广东人民广播电台新闻台节目主持人介绍以色列总理拉宾遇刺时说了这样的话："这位世界人民尊敬的政治领袖……这位犹太青年阿米尔……"③

---

① ［日］藤家礼之助：《日中交流二千年》，张俊彦、卞立强译，北京：北京大学出版社，1982年，第6—7页。
② ［美］布龙菲尔德：《语言论》，袁家骅、赵世开、甘世福译，钱晋华校，北京：商务印书馆，1980年，第175页。
③ 钱冠连：《汉语文化语用学》，北京：清华大学出版社，1997年，第1页。

钱冠连指出，"后面的'这位'是一个明显的语用失误。阿米尔是刺杀凶手，指称他不宜用表示尊敬意图的'这位'，而应该用强调憎恨意图的另外指称，至多也只能用一个感情色彩中性的'这个'"。此处分析得极是。广东人民广播电台新闻台节目主持人对以色列总理拉宾和凶手阿米尔都用了指称代词"这位"，应该是受到英语"this"的影响，忽略了汉语量词"位""个"在和指示代词"这"结合指称人时暗含的情感意义。这看似一个小小的用词问题，其实是主持人对"这位"和"这个"的认知情感出现了偏差，这就会让听者感到迷惑，出现情感倾向方面的误解。

在认知心理学家看来，人们对自己周围有一种感知。这种感知储存在大脑里，即使没有外界具象性的物体给予刺激，它也一样活动着，此即"心理表征"，认知心理学称之为"意象"。这种"意象"常常是以"默知识"形式存储在人们大脑里，而且往往是人们从小习得的知识。比如"良知"一词，在法国哲学家笛卡尔的《谈谈方法》中，是指辨别真假的能力，是一个人所具备的理性知识。而在中国哲人、"亚圣"孟子那里，"良知"指的是分辨善恶的才能，这是从伦理层面进行阐释的。中国读者读到笛卡尔《谈谈方法》中的"良知"一词时，脑中首先跳出来的义项，很大程度上是与"善恶"相关联的。因而现实生活中，人们为了传递某种思想、达到某种交流目的，会改变本来的知识状态，以"特有"的方式进行表达。不过这样的方式若运用得不恰当，则又可能形成不同的意象，造成新的误解。比如一个满怀愤懑的说者或写者与一个充满希望、怀着憧憬的说者或者写者，他们所采用的表达方式会有所不同，但如果恰巧交流双方的情感思想处在错位状态，就会产生误解，甚至可能给交际造成非常严重的后果。这正是布龙菲尔德指出"问题不在于语言的结构，而在于实际的应用……使我们在这上面避免内在的差误……词汇和语法的分析并不能揭示一种学说的真伪"[①]的原因。

---

① ［美］布龙菲尔德：《语言论》，袁家骅、赵世开、甘世福译，钱晋华校，北京：商务印书馆，1980年，第620页。

第三章　信息发送者与接收者的非对称因素引发的误解

人们运用语言进行交流，首先是信息发送者即说者（写者）向外传递必要的信息。在保障信息质量的前提下，说者（写者）发出的信息最好能够引起听者（读者）的相关联想，使其对信息产生"兴趣"，这样才能使交流进行下去。如果信息发送者一开始就来句没头没脑的话，接收者会以为他在自言自语，或者以为他有心理疾病，从而迅速离开。可见，交流双方的话语真实性以及情感介入度也是误解产生的影响因素。当开启与陌生人的语言交流时，态度要诚恳，不能吞吞吐吐，欲言又止。因为信息接收者可能已经在暗自思忖，与自己交流的这个人是谁，他的生活背景、社会关系、个人特点是什么，是否认同自己对某一事情的看法。也就是说，信息发送者与接收者的一些非语言因素会引发误解。这是由于"每一种语言本身都是一种集体的表达艺术。其中隐藏着一些审美因素——语音的、节奏的、象征的、形态的——是不能和任何别的语言全部共有的"[①]。个人的言语交流又何尝不是如此呢？说者和听者以及两者间的相互关系在交流中也会受到非语言因素的影响。

[①] ［美］爱德华·萨丕尔：《语言论——言语研究导论》，陆卓元译，北京：商务印书馆，1985年，第201页。

第三章　信息发送者与接收者的非对称因素引发的误解

第一节　信息发送者与接收者非语言因素引发的误解

我们可以认为，语言交流中的信息交互顺利与否，与认知信息的量和质是否对等有关。所谓认知信息，是指语言实际传递的内容，也就是说话者传递出的意义。①在语言交流过程，由于认知程度和认知范围不同，或者说交流双方的知识范畴不同，误解随时可能出现。比如，在我国，有同名异果的植物——木瓜。一种是药用木瓜，也就是《诗经·国风·木瓜》"投我以木瓜，报之以琼琚，匪报也，永以为好也"中的木瓜，又叫秋木瓜、宣木瓜。结出该木瓜的植物属于蔷薇科落叶灌木，果实成熟后很香，有土豆那么大，可以做药用。另外一种木瓜是大家熟悉的热带水果（其实也做蔬菜），因来自海外，所以也被称为番木瓜。这种木瓜在市场上能轻易买到，经常被宣传为能够美容养颜。两种木瓜，一种是我们本土野生植物的果实，一种是引进产品，它们不是"同根生"，没有什么瓜葛。但在没有看到两种木瓜的真实面目，不知道还有另一种木瓜时，南方人可能会说前一种木瓜不是木瓜，而北方人则可能会坚持说那就是木瓜。生活中常有这种因知识有限或见识不广的"经验"而产生误解的情形。对这种情形，如果大自然中有实物可查，稍花功夫便可消除误解，比如上述两种木瓜。但是人们的思想或意识偏差产生的误解，则很难消除。世界范围内存在的各种偏见，其实都是文化偏见，其产生的原因是持偏见者沉浸在自己的文化圈里，陷入以己之见断他人之文化的"井底之蛙"式思维模式——人类就在自己建起的这种怪圈里互相指责，争论不休。且越是生活中的常用语，越容易引起人们的误解，这就是语言与认知、经验及文化的紧密关系之反映，是非语言因素左右了人们的思维和判断，因为"语言反映一个民族的特征，它不仅包含着该民族的历史和文化背景，而且蕴藏着该民族

---

① 参见徐大明、陶红印、谢天蔚：《当代社会语言学》，北京：中国社会科学出版社，1997年，第7页。

对人生的看法、生活方式和思维方式"①。

一、文化背景差异引发的误解

我们经常说要讲好我们的"故事",可是如何讲,以怎样的话语形式讲呢?"故事"内容是哪些呢?是以我们的惯有方式去讲还是按接收方容易理解的形式去讲?是以古代流传下来的故事为主,还是以当代社会的人物故事或者事件为主?是讲精英的辉煌故事,还是普通大众的日常琐事?这些似乎少有人去说明。故事是文化的浓缩,而文化是一个不容易界定的概念——从1920年人们给出六个定义发展到21世纪初出现了两百多个定义,足以说明文化的复杂性和宽广性。

早在殷商甲骨文中,"文"和"化"两个字就已经出现。文,甲骨文写作𠆢(《合集》36534)。其语义,依照许慎《说文解字》是"错画也,象交文",意思就是笔画纵横交错的花纹,是"纹"的本字,似乎与"文化"无甚关联。化,甲骨文写作𠤎(《合集》33195),其语义,依照许慎《说文解字》是"教行也"。从甲骨文"化"字形体看,是两个人相倒背,一人正一人反,语义应该是通过教化使反人正之,以示变化,似乎也与"文化"无太大关联。然而《周易》第二十二卦有"分刚上而文柔,故小利有攸往,天文也;文明以止,人文也;观乎天文,以察时变;观乎人文,以化成天下"之说,可见,"文""化"与"文化"还是有关联的。但这时的"文"与"化"各说一端。西汉刘向在《说苑》第十五卷中首次将"文化"连用,曰:"圣人之治天下也,先文德而后武力。凡武之兴为不服也,文化不改,然后加诛。夫下愚不移,纯德之所不能化而后武力加焉。"这里的"文化"显然是与武力相对应的,是指逼迫被征服者接受胜利者文化的教化,于是便有了引申为人的一切活动的基础。这里的"文

---

① 邓炎昌、刘润清:《语言与文化——英汉语言文化对比》,北京:外语教学与研究出版社,1989年,第159页。

化"与"化"字的初始语义"改变"一致。在英语中,"文化"一词译为"culture",依据《牛津词典》,其最初意义是"the growing of plants or breeding of particular animals in order to get a particular substance or crop from them",即耕种、种植、培育之意,后来引申为人的活动,尤指精神的培育。可见,中西方在对文化的认识方面既有重合之处,也有区别之地。

从文化与语言的对应层面来说,美国语言学家萨丕尔认为:"语言有一个底座。说一种语言的人是属于一定种族(或几个种族)的,也就是说,属于身体上具有某些特征而不同于别的群的一个群。语言也不脱离文化而存在,就是说,不脱离社会流传下来的、决定我们生活面貌的风俗和信仰的总体。"①这说明,语言的背后是有东西的,语言是不能够离开文化而存在的。美国人类学家克莱德·克鲁克洪也认为:"整个人类环境中由人所创造的那些方面,既包含有形的也包含无形的。所谓'一种文化',它指的是某个人类群体独特的生活方式,他们整套的'生存式样'。"②与之近似的看法,有如许倬云在《接触、冲击与调试:文化群之间的互动》一文中说到的,社群文化不同是由于"社群可以维持长期固定的稳定性,每一个社群都可能发展若干生活的特殊方式",对于当时当地特有的生态环境,社群可能会"逐渐发展最有利也最方便的谋生方式,从而发展为能适应这一套谋生方式的工具及劳动方式"。③由此,人类成员形成了各自独特的文化。毋庸置疑,文化具有克利福德·格尔茨所说的"深厚意蕴",是一个社会成员的全部生活方式,包括价值观、习俗、象征、体制以及人

---

① [美]爱德华·萨丕尔:《语言论——言语研究导论》,陆卓元译,北京:商务印书馆,1985年,第186页。
② [美]克莱德·克鲁克洪等:《文化与个人》,高佳、何红、何维凌译,杭州:浙江人民出版社,1986年,第4页。
③ 许倬云:《许倬云自选集》,上海:上海教育出版社,2002年,第41页。

际关系等等。①同时，人们的"认识和语言是严格交织在一起的。它们在表象中有相同的起源和功能原则；它们相互支持，相互补充，又不停地相互批评。就其最一般的形式而言，无论是认识，还是讲话，它们都首先在于对表象作同时性分析，对表象的要素作区分，并确立起种种把这些要素结合起来的关系和这些要素借以能展开的可能的序列。人们讲话和认识，都是在同一个运动中进行的"②。因此，"我们可以知道语言和文化关系的密切，并且可以知道它们所涉及的范围是很广博的"③。文化背景、宗教信仰、风俗习惯等约定俗成的"独特性"在借用语言表达输出时，一定会有不同，由此产生语言交际中的误解。信息传递者对信息内涵的理解如果出现偏差，产生了误解，那么他将语言输出并向外传递时，便极易出现理解错误，尤其在缺失必要语境的情形下，很容易产生误解。

人们主要借助语言进行交际，但也会借助其他一些标记，以助力语言的传情达意。陈望道先生说："语言是达意传情的标记，也就是表达思想、交流思想的工具。传情达意可以用各种的标记，可以通过各种的感觉。如用兰臭表示意气相投，兰臭便是一种嗅觉的标记，用握手表示情意相亲，握手便是一种触觉的标记。"④可是，使用其他标记，也是需要考虑听者的认知与习俗的。如果说者与听者对语言的辅助标记的掌握不在同一个水平、等级，那么这一标记反而会成为信息、情感交流的障碍。比如，汉语老师在课堂上直接用"兰臭"一词表达"意气相投"的语义，用"怀袖雅物"指称折扇，或者不说"风筝"而说"纸鸢"，虽然很有中国味儿，但是一定会让汉语学习者诧异乃至听不懂——尤其是他们走出教室

---

① ［美］塞缪尔·亨廷顿、劳伦斯·哈里森主编：《文化的重要作用——价值观如何影响人类进步》，程克雄译，北京：新华出版社，2010年，塞缪尔·亨廷顿"前言·文化的作用"第8页。
② ［法］米歇尔·福柯：《词与物——人文科学的考古学》，莫伟民译，上海：上海三联书店，2016年，第90页。
③ 罗常培：《语言与文化》，北京：北京出版社，2004年，第1页。
④ 陈望道：《修辞学发凡》，上海：上海教育出版社，1979年，第20页。

后在语言实践中几乎听不到这些称说。再比如，在中国或者日本、韩国，如果一位男性很贸然地向一位女性伸手想要与其握手，或者突然对一位女性说"你很漂亮"，那一定会引起误会甚至女性的反感。这些都是因为说者（写者）和听者（读者）来自不同社会或者不同社群，在习俗、文化修养和宗教信仰上有差异，对对方文化习俗或者表达产生了误解。所以中国古人才总结出了"入乡随俗""入国问禁"的跨文化交际警示。因为当地的礼俗不是超现实的设想，而是从社会生活规约出发，由先代凝练后制定出来的，是拥有命名规则和遵循依据的。比如，现代汉语词汇中有诸多以"天"为主词的词语，原因便是在商、周社会，统治者是依靠和运用"天命"进行统治的，"天"是至高无上的，是"天帝""上帝"。尤其是在西周，人们认为人类社会的一切都来自"天"，而周王是"天子"，如《大盂鼎》铭文曰："丕显文王，受天有大令（命）。"[1]这种"天命观""君权天授"观念下所产生的"上帝"一词的含义完全不同于基督教中的"上帝"。当然，"词汇决定于环境，它向来是不固定的。任何人从出生到老死都通过向周围的人不断借用来建立自己的词汇"[2]。在现代社会，人口频繁流动是一种普遍行为。如果有人在抵达一个新的生活区域后，不尽快融入当下文化氛围，而是抱着原民族原国家文化心态和思维，企图破坏所生活区域已有交际规则或者生活制度，便会造成人员之间情感交流的隔膜，或者社会混乱。

《荀子·荣辱篇》云："譬之越人安越，楚人安楚，君子安雅。是非知能材性然也，是注错习俗之节异也。"《荀子·儒效篇》云："工匠之子，莫不继事，而都国之民安习其服。居楚而楚，居越而越，居夏而夏，是非天性也，积靡使然也。"这些说的便是各区域有各区域的习俗，是长久以来积淀而成的。郑玄曰"正言其音"，指的则是在语言方面，各地也

---

[1] 郭沫若：《两周金文辞大系图录考释》录编18，北京：科学出版社，1957年，第115页。
[2] ［法］约瑟夫·房德里耶斯：《语言》，岑麒祥、叶蜚声译，北京：商务印书馆，2012年，第229页。

存在差异，楚地之楚言、粤地之粤音与中原的华夏之言不同，他认为不是夏言夏音，即不是"雅言"。其实，语言中的语音、词汇和语法形式随着时间、地域而发生变化，词义"总是有一个当前的价值，即只限于使用时的价值，和一个特殊的价值，即与具体的那次使用有关的价值。……词总是处在语境里，每次都是这个语境暂时确定词的价值"①。所以"人们只要单单对一个民族的词汇在不同时代的不同状况作比较，就能形成一个民族进步的观念"②，就可以减少交流中的误解现象。

信息发送者与接收者不同的文化背景会造成认知结构的差异，而"语言是一切知识的第一要素"③，因此在以语言为信息交流工具时，并不是将语言的音节、词语的组合排列规律和语法搞清楚，就能畅通无阻的。因为语言是文化的载体，语言介于大自然的可见形式与密传话语的秘密适合之间，"语言是一个分析区域，时间和人类知识在这个区域上展示自己的行程"④，所以文化知识储备、文化背景以及生活环境、地理环境等也是误解产生的因素。比如在游牧民族中，牲畜是财富的象征，以至于在印欧语系里保存有用家畜数量作为货币的语言遗迹，在许多语言里，同一个词可以同时指银钱和家畜。⑤又比如，在汉语里，"早生贵子"等话语表现出汉人传宗接代的观念与着眼未来的文化形态。鲁迅在《阿Q正传》里写阿Q摸了小尼姑的脑袋，小尼姑骂了一声"断子绝孙的阿Q"，阿Q听了便相当紧张。留学生读到这段文字，倍感疑惑：小尼姑只不过说了"断子绝孙的阿Q"，为什么原本欺负尼姑的阿Q反而紧张了起来？他们不理解中国人何以对"断子

---

① ［法］约瑟夫·房德里耶斯：《语言》，岑麒祥、叶蜚声译，北京：商务印书馆，2012年，第210、215页。
② ［法］米歇尔·福柯：《词与物——人文科学的考古学》，莫伟民译，上海：上海三联书店，2016年，第90—91页。
③ ［法］伏尔泰：《风俗论》上册，梁守锵译，北京：商务印书馆，2009年，第249页。
④ ［法］米歇尔·福柯：《词与物——人文科学的考古学》，莫伟民译，上海：上海三联书店，2016年，第117页。
⑤ 参见［法］约瑟夫·房德里耶斯：《语言》，岑麒祥、叶蜚声译，北京：商务印书馆，2012年，第252页。

绝孙"那样忌讳。而母语为汉语者读到这里，自然能明白阿Q为何紧张：在中国人的文化观念中，"断子绝孙"是极为悲哀的，是对祖先大不孝的事情——中国文化是特别重视"孝"的。父母长辈活着的时候，子女晚辈要孝敬、赡养他们，他们死后，要敬香以示纪念，这就是"事死如事生"。如果没有后代，那就意味着无人祭祀祖先，列祖列宗就成了孤魂野鬼，就会不得超生、安息。因而如果"断子绝孙"，自己在死后是没有脸面去见列祖列宗的。"不孝有三，无后为大""有子万事足"，都是这种思想观念的反映。因此，中国传统文化非常看重传宗接代之事，期盼多子多孙，认为老人膝下儿孙满堂才能颐养天年，才会寿终正寝。中国连年画中都有石榴图，预示多子多福、儿孙满堂、家族兴旺。所以"断子绝孙"是一大罪过，是最刻薄阴毒的骂人语。如果不具备这些认知，那么在谈及相关话题时，就可能产生误解。

语言误解中，有一种是因人的生理机能而出现的，对此应该给予特别的包容。德国语言学家威廉·冯·洪堡特说："理解者跟讲话者一样，必须借助自己的内在力量重新把握同一些材料。"这里的"内在力量"包括"理解者"的生理要素，比如听力和说话能力，还包括"理解者"的知识范畴。"理解者"或许会在重新解码的途中发生语义偏离。听觉障碍者在接收信息和输出信息时，会有较多的信息损耗。比如老龄者由于生理机能退化，听觉不够灵敏，常常出现说者言东他讲西的现象，还会经常说一些"打岔"的话，让人啼笑皆非。智力低下者接收和解读信息时也可能出现问题。还有些人吐字不清，听者因不能准确判断其发出的音节，也会出现解码错误，引发交流障碍。这些由生理原因引起的语言交流误解与由观念差异造成的误解不同，我们必须把由生理因素引发的交流误解与"人们或多或少总是把自己原有的世界观，甚至原有的语言观，带进了一种陌生的语言"[①]而产生的交流误解区分开来。因为前一种误解往往可以在进一步追

---

① ［德］威廉·冯·洪堡特：《论人类语言结构的差异及其对人类精神发展的影响》，姚小平译，北京：商务印书馆，2009，第73页。

问或者多次交流后消除，也不会引起双方情感上的抵触。

二、教育模式差异引发的误解

人类社会在发展历程中，因为需要传承生存技巧、传授生活经验，所以发展出教育。而在不同生活理念下，出现了人类社会教育模式的差异，这种差异会在真实语境中的行为方式上得以体现。从不同社会教育模式中走出的交流者在进行语言交流时，由于彼此不了解，极易在语言动机的影响下采取非语言的行为方式，使言语效果与预期相背离。比如中国古时，汉民族非常重视社会集体价值，常常忽视个人价值。所以当听到别人赞扬自己时，一定要说一些自谦的话语，否则就会被认为是一个自满、骄傲的人。而面对夸赞，西方人则会统统回以"谢谢"。有时虽然没有明确的言语交流，但是行为方式表露出一定的意向，在跨文化教育背景下也容易引起误解。比如，笔者有一个来自厄瓜多尔的学生，第一个学期他特别不明白老师上课为什么要点名，在情感上很抵触，于是经常故意旷课或者迟到。但是半年过后，她在观察中慢慢明白了老师是为确保课堂学习时间，便不再故意旷课、迟到了。起初误解是因为在她的国家，大学老师不需要特别管理学生。这种误解，是差别性教育模式下不同的行为方式和管理模式引发的。

三、思维、行为方式差异引发的误解

在不同区域生活的人们，其思维方式和认知大自然的途径会有所区别，因此在交流沟通中也会出现思维、行为方式的差异。比如，社会中存在着人与自然对立、人与人对立的所谓"科学主义"的认知观与人与自然、人与人、人的肉体与精神圆融统一的"天人合一"的认知观的差异。

人类各个族群由于大部分时间生活的区域相对稳定，所以形成的文化思维和行为方式也相对固定，族群与族群之间自然会有差异，有的差异还非常大。比如在东西方，人们的思维模式就很不一样。季羡林先生指出："西方的基本的思维模式是分析的，而东方的，其中当然包括中国的基本的思维模式是综合的。"①而中西方思维模式的差异"表现在语言上，就形成了西方与中国的语言的差异，在中国首先是汉语。这个问题相当复杂，决非三言两语能够说明白的。简而言之，最明显的差别就是西方印欧语言有形态变化，字与字之间的关系尽量用语法变化的形式来表达得尽可能地清楚。而汉文则既无形态变化，词类的区分又往往并不泾渭分明，总之是有点模糊。汉语的模糊性，多少年来就受到了谴责。……从世界最新科学的发展来看，万事万物没有哪一个是绝对清楚的。汉语的优点正在于它的模糊。研究汉语，就首先应该抓住汉语的这个特点。用西方语言的理论来硬套是不行的。也只有这样才能真正创立自己的理论"②。同样，吕俊先生在《也谈翻译中的语言对比问题》一文中列举了一个中英文翻译的例子，并对出现的问题进行了分析：

> 例如，在《天棚趣话录》一文中有这样一句话："他娘的，老子煎熬了小半辈子，还让老婆跟着受委屈，……"几乎所有的学生都译成：Damn it! I have endured hardships for nearly half of my life, and my wife has suffered all along with me...尽管这句话在字面上似乎是十分忠实的，但实际上却是错误的。因为对这句英译文英美人会理解为在说话人的有生之年里尚有一半以上的时间没有受苦，可能还生活得不错。要忠实地传达原文的意思，必须译为for all my life才行。这是由于中国人习惯上把从生到死看成一辈子，所以文中的"小半辈子"是指一个30岁左右的人从生到说

---

① 钱冠连：《汉语文化语用学》，北京：清华大学出版社，1997年，季羡林序第10页。
② 钱冠连：《汉语文化语用学》，北京：清华大学出版社，1997年，季羡林序第10页。

话时为止的一段时间，故云"小半辈子"。而英美人所说的all my life正是指从生到说话时为止。如说nearly half of my life则指从生到现在这段时间的一小半时间。所以无论"小半辈子"还是"大半辈子"在英语中都只能译成all my life。这就是看问题的方式不一样，也就是我们说的思维方式的差异。①

中国人深受佛家轮回思想的影响，对人的一生的划分表现在词语上就有"这辈子""上辈子""下辈子""一辈子"等，这与英美人对生死的理解不同，反映在语言上就有了区别，这也是思维上的差别。如果对不同思维模式不了解，在学习研究或者交流时就容易产生误解。这也是在二语教学中要慎用翻译法的缘由之一。

观察世界的角度不同，对问题的思考不同，都会表现在语言上，而语言表达不同，则可能会引起听者的理解偏差。在读经典文献时，或许因为时间相隔久远，或许因为是跨语言的阅读，理解偏差更是常常出现，有语言哲学家对此进行了深入研究，并将此种科学命名为"解释学"或者"现象学"。美国语言学家爱德华·萨丕尔说："语言，作为一种结构来看，它的内面是思维的模式。"②德国语言学家汉斯·约阿西姆·施杜里希也说："每一种语言都代表着一种人的世界观。"③我们从早期文字的造型也可以看出不同族群对大自然的认识的反映是不同的。比如早期的象形文字虽然都是以物取形的，但是在取形示意方面也有区别。埃及象形文字和中国殷商甲骨文的某些字形构造一致，有的则不一样。比如表示"老人"一

---

① 吕俊：《也谈翻译中的语言对比问题》，见王福祥编：《对比语言学论文集》，北京：外语教学与研究出版社，1992年，第324—332页。
② ［美］爱德华·萨丕尔：《语言论——言语研究导论》，陆卓元译，北京：商务印书馆，1985年，第19页。
③ ［德］汉斯·约阿西姆·施杜里希：《世界语言简史》（第二版），吕叔君、官青译，济南：山东画报出版社，2009年，第5页。

词的文字，埃及象形文字写作🝆①，殷商甲骨文写作🝆（《合集》21054）或🝆（《合集》20613）。共同点是均取像于手拄拐杖的人，只是埃及象形文字🝆是图画，殷商甲骨文已经是线条画，不过其中人手拄着拐杖的"｜"是完全一致的。故汉语有"杖履"一词，表示对老人的敬称。再比如，"水"字在两种象形文字中也很有意思。埃及象形文字中，"水"字写作〰②，是用横排的三条水波纹来表示的，而殷商甲骨文的"水"字写作🝆（《合集》34165）、🝆（《合集》33355）等，中间用一条或两条竖纹表示水的波纹，两侧还有小点（水点）。埃及象形文字"水"和殷商甲骨文"水"都"画出"了水的波纹线条，但是方向不同，形体也有区别。不过，殷商甲骨文中也有横排三条水波纹的字符，表示发生了水灾，这是昔日大洪水（所以有大禹治水的传说）给人们留下深刻印象的反映，以🝆（《合集》3524）、🝆（《集成》"史昔鼎"2189）等字形作为永久记忆保留。在殷商甲骨文中，还有🝆（《合集》29687）、🝆（《合集》10161）等字形，这是河川的"川"字的初文。

上述字例虽然只是中国和埃及的早期文字，但是不同民族的先民对大自然的思考结果，即记录有声语言的文字与中国和埃及的文字一样存在着异同是毋庸置疑的。有意思的是，不同文化背景的人在交流时，有时一方为了很好地实现交流目的，会尽量按对方的思维、行为方式行事，在实施交流行为时采用对方的行为习俗。但是这样做有时会事与愿违，造成误解。比如在一次汉语教学中，汉语老师给汉语学习者介绍中国文化，说中国人在表达请求等愿望时，一般来说比较含蓄，通常不会采用直截了当的表达方式，即使是请朋友提供帮助，也会委婉提出。大部分中国人只有在家人和特别熟悉的朋友面前，才会"毫不客气"地说出自己的需求。老师

---

① ［德］汉斯·约阿西姆·施杜里希：《世界语言简史》（第二版），吕叔君、官青译，济南：山东画报出版社，2009年，第9页。
② ［德］汉斯·约阿西姆·施杜里希：《世界语言简史》（第二版），吕叔君、官青译，济南：山东画报出版社，2009年，第10页。

的话音刚落，一位来自英国的学生就反对说：不是这样的！中国朋友一点也不含蓄委婉，他们都是直接跟我提出帮助请求的。这是发生在20世纪90年代中期的汉语课堂上的故事。汉语老师向英国留学生解释说：那位中国朋友采用了"西方"的思维方式，目的是希望你容易理解。学生却摇着头说：我很惊讶！他为什么那么直接地让我帮助他？这就是简单化地采用对方的行为方式进行信息传递，不承想引起对方的误会，使对方对中国文化思维、行为方式产生疑惑与不解的典型案例。

一个族群的文化习惯是从远古时期逐渐形成的。许倬云先生说，人类在进入新石器时代以后，就形成了稳定的社群，而且每个社群都可能发展出若干特殊生活方式，"在功能性的基础上，这一社群当可逐步发展一种相对于时空的独特传统，亦即其独特的'文化'"①。这种独特的"文化"表现在思维模式上，又常常反映在语言表达方面。这是由于"思维的本质在于把自身的进程分为若干片段，并将自身活动的某些部分构成一个整体；如此构造起来的东西既相互有别，又都作为客体对立于思维主体"②。比如对中国人来说，男女关系尤其性爱方面的事情，是极少摊开来讲的。在这一点上，中西方文化有着根本的区别，这就常使留学生读到汉语相关作品时，不知文中所云。小说《神主牌楼》（《黄河》1987年第4期）中有这样一段对话：

    "你和宝山，'不'吗？"
    "不'不'。"
    "你们不'不'，那咋还'不'哩？"
    "谁知道哩，不'不'，它就'不'嘛！"③

---

① 许倬云：《许倬云自选集》，上海：上海教育出版社，2002年，第41页。
② ［德］威廉·冯·洪堡特：《洪堡特语言哲学文集》，姚小平选编、译注，北京：商务印书馆，2011年，第1页。
③ 转引自陈建民：《说话的艺术》（增订本），北京：语文出版社，1994年，第85—86页。

小说中的七婶为了打听新媳妇玉枝是否怀孕，要先问玉枝和丈夫是否做爱（委婉说法是"同房"）了，但她不能直接询问，只能含糊其词，不过接受询问的玉枝明白其话里的隐含意义，她也以隐晦话语"不'不'，它就'不'嘛"含混对答——二人都明白对方说的是什么事情。但如果离开了上下文，又缺乏必要的文化背景，读者就很难理解这两人的对话了。

人们在不同文化下形成的思维方式影响着其行为方式。因为"每一种具体语言都带有某种印记，反映着一个民族的特点"①。比如，中国是一个农业文明国家，很多词语都与农业事相关，人们的思维方式也必定与之相关，比如在强调时间时不是以现在多用的"金钱"为比喻，而是以与农业密切相关的词语表示时间紧迫或者一定会劳有所获，如"一年之计在于春，一日之计在于晨""一年之计在于春，一生之计在于勤""时节不等人""要想庄稼好，一年四季早""夏忙时节虎口夺粮"等等。

"一年之计在于春，一日之计在于晨""一年之计在于春，一生之计在于勤"，隐含着农作物的收获与劳作者在春天的付出（如播种、除草、灌溉、除虫等田间管理事宜）以及每日清晨的辛劳有关系的意思。在中国人的观念里，一个勤劳的人一定能够抓住大好春光，适时播种，也能闻鸡而起，赶在太阳从地平线升起前完成田间的主要工作，这样才可能有好的收获。所以原本用于农业收成的"收获"一词也可以被运用到其他方面。比如学生取得了好成绩可以说"有收获"，一个人通过努力得到周围人的赞誉可以说"收获了赞美"，两个人相爱可以说"收获了爱情"，等等。

语言要反映人的思维，精准抓住说者的所思所想并完全复制、输出是不可能的，这就是有时因"词不达意""难以言表"而出现语言误解的原因之一。

---

① ［德］威廉·冯·洪堡特：《洪堡特语言哲学文集》，姚小平选编、译注，北京：商务印书馆，2011年，第4页。

四、文化认知差异引发的误解

每一个民族都有自己的民族语言，有自己的寓言故事。在跨语言交流，也就是跨文化交流时，由于文化思维模式不同，如果无法运用对方的思维模式去解读其寓言里的生活哲理，就会产生误会，有时即使对方给予了进一步阐释，也无法消除误解。比如，在对留学生进行汉语教学时，成语"愚公移山"的教学难点不是认读书写，而在使学习者明白其中的人生哲理。有的汉语学习者坚持认为愚公不足以成为后世榜样，反而赞赏智叟的想法，认为没有必要费时费力去凿山开路，完全可以从大山里迁移出去。此外，汉语学习者对头悬梁锥刺股、割股疗亲等故事的内涵也很难理解接受，甚至会在情感上出现强烈的抵触。

不同国家、民族、宗教、社团与不同职业或者性别的人，在语言运用上的差异也会引起误解。我们说语言是沟通不同文化者感情的桥梁，语言与文化紧密相连，"每个民族的文化必然在它的语言中有所体现，因而可以从语言窥探不同民族在文化上的差异。人们对某种语言的理解，往往是以弄清楚这种语言的民族的文化背景为依据，而两种民族文化的冲突，常常导致对同一句话的反应迥然不同"[①]。比如，在西方的社交场合，人们总会听到"女士们、先生们"的称呼顺序，且一般没有人更改。这一先后顺序表现了尊重妇女、女士优先的社会风尚。如果有人将其颠倒输出，就会被视为行为粗野、缺乏教养。而在汉语词汇中，无论是书面用语还是日常口语，凡涉及男女并置的词语，一定是男性词排列在女性词前，形成一种男性优势特点——比如"男女""夫妇""夫妻""父母""儿女""兄弟姐妹""爸爸妈妈""爷爷奶奶""叔叔阿姨""男生女生""男孩子女孩子"等。在交流中，如果不按照这样的顺序输出，交流双方就会觉得拗口、别扭。这样约定俗成的词序正反映了中国历史上男尊女卑的传统

---

① 陈建民：《说话的艺术》（增订本），北京：语文出版社，1994年，第48—49页。

观念。德国语言学家汉斯·约阿西姆·施杜里希在其《世界语言简史》（第二版）中将第一人称代词的复数"我们"分为"两种'我们'"，他说：

  两种"我们"
  在某些语言中，第一人称代词的复数（"我们"）是两个不同的单词：一个"我们"，既包含了说话者，也包含说话的对象；而另一个"我们"为说话者所传递的意思是"我和其他人，但是不包括你"。欧洲语言中没有这种区分，有时会产生误解。①

汉语便属于"某些语言中"的一种。其实若是在一定的语境中，一般情况下，接收信息者不会产生误解，但是为了保险起见，汉语里还有一个第一人称代词的复数"咱们"。"咱们"不但包含了说者和听者，而且有"亲近"、属于"一个群体"的正向情感附加语义。比如说者在叙述自己的某件事时，采用"咱""咱们""咱家""咱×"的方式，会让听者产生一种亲近感——当然，这要在听者掌握"咱×"的语义情感后使用，否则也会引起误解。或许有人会认为诸如此类的语言交流是一种假象。对此，我们不妨举一个物理学上的例子：筷子是直的，但是如果将其半截斜插入水中，入水的半截看上去就是弯折的，这是一种折射现象。对于这种折射现象，有人说它是假象，因为折射出的筷子同筷子本身的存在状态不一致，是一种虚假现象；而有人则认为它是一种客观的物理现象，是折射的光在不同介质中具有不同折射率的表现，无所谓真相或假象。②同样，误解也存在认识的二重性。

在一些交际语境模糊的情况下，语言上的解释有时是徒劳的、无效

---

① ［德］汉斯·约阿西姆·施杜里希：《世界语言简史》（第二版），吕叔君、官青译，济南：山东画报出版社，2009年，第240页。
② 参见成一丰：《假象·谬误·识辨》，西安：陕西人民出版社，1993年，第5页。

的，因为它不能消除听者的疑惑或者不满。尤其是当说者不了解听者的情况，只是一味地按照自己已有的认知进行"先入为主"式的解释时，那就更加糟糕了。说者和听者的心理预期不在一个平台上，或者不处于同一个频道，沟通起来就非常困难。这时，说者不能简单地下结论，认为听者"不懂"，从而放弃交流，应该改变输出方式，改变用词或句式，使得交流能够"柳暗花明"，最终完成必要的交际。

法国哲学家雅克·德里达指出，如果符号是被定义在与其他符号的关系之中的，则没有一种语言可以被一个处在中立位置的阅听人了解，即语言只能在某一时间、情境或文化中被主观地了解。因此，符号在不同情境与时间中可以有无限种解读，好的句子就是不产生歧义的句子。比如，在跨文化交际环境下，说者（写者）要谨慎使用总括词"都""所有""全部"等。比如说"中国人过春节都吃饺子"，就很容易引发其他国家人的误会。过春节时，并不是中国所有地方的人都吃饺子，春节期间也并不总是在吃饺子。西方信仰基督教者每年12月25日要庆祝圣诞节，但并不是说只要是西方人就要过圣诞节。之所以出现这些误解，是因为日常中的语言多以模糊方式出现。

民族群体或者个体由于文化认知的差异，常常在交流中引发误解。在一定程度上，文化认知的多寡影响着对所接收信息的理解度，这一点在自然知识领域与历史认知领域都存在。比如古时候，人们通过肉眼观察，发现天空中有一颗启明星（即晨星，是早上出现在地平线上，最晚消失在日光中的一颗星），有一颗长庚星（即昏星，是傍晚最早出现的一颗星）。但是随着科学技术的发展，天文学家发现，这两颗星实则为一颗星，即金星。古人常常在清晨看到启明星，在晚上看到长庚星，却不知道它们是同一颗星，只是早晚位置有变动而已，所以给了它们不同的名称。人类对大自然的认知是一个渐进的过程，比如，"在古代人看来，动物中蛇具有高级智慧，他们看到蛇有时蜕皮，便以为蛇返回幼期，以及蛇蜕了皮便可以永葆青春"①。又比如，在研究人类进化的过程中，许多漫画都把尼安德特人描绘成愚笨而粗鲁的"穴居人"，但是近来的考古证据表明事实并非如此。②那么，在不同族群者的交往中，又如何保证不出现类似问题呢？在用不同语言交流的过程中，如果语境模糊不清，知识储备又有限，产生这样或者那样的误解是不足为奇的。正如科林·麦金所言："长庚星与启明星的例子普遍地例示了下面这一点：存在许多这样的实例，即一个客体被叫作一个名称，然后，在另一个时间、另一场景又被叫作另一名称，而没有人意识到该客体被命名了两次。"③当信息发送者具备晨星和昏星实为金星的两个名称的知识时，在传递出信息后，信息接收者会根据其知识储备确定是否需要对方进一步解释说明。但是，如果信息传递者不具备这一天文学知识，很可能会将启明星和长庚星作为两颗不同的行星进行传递，这就形成了误解的延续。这样的事例在现实生活中经常出现。

我们都有一个常识，即交流中，语言所陈述的内容、描述的对象有时是说者（写者）所独有的，而说者（写者）还常常以"修辞"方式渲染所言对象，这样，信息接收者就很难分辨出其真正语义。对此，交流双方应该努力了解传递的信息，尝试理解信息的意义，以保证交流的有效进行。

在信息化时代之前，由于交通不便利，信息交互不畅通，一般情况下，居住在世界各地的人们也只是对生活圈周围的各种事项有所认知，所以汉语俗语才会说"十里不同音，百里不同俗"或者"十里不同风，百里不同俗"。人们对世界的认知主要依靠各自民族先祖的经验传授和本族群那些智者对社会现象的分析研究，因而不同区域的人们的科学知识拥有量也是不一样的。比如，世界各地区各民族在用语言对动物、植物分类和定义时，表达不尽相同，有的甚至令外族人感到不可思议。法国文化考古学

---

① ［法］伏尔泰：《风俗论》上册，梁守锵译，北京：商务印书馆，2009年，第32页。
② 参见［以色列］尤瓦尔·赫拉利：《人类简史：从动物到上帝》，林俊宏译，北京：中信出版集团，2017年，第14页。
③ ［英］科林·麦金：《语言哲学：经典诠释》，刘龙根、朱晓真译，上海：上海交通大学出版社，2017年，第5页。

家米歇尔·福柯说自己撰写《词与物——人文科学的考古学》一书的缘起就是读了博尔赫斯一部关于中国的百科全书，而这部所谓的中国的百科全书对动物的分类和他所具备的动物学知识完全不符。他说："这部百科全书写道：'动物可以划分为：a.属皇帝所有，b.进行防腐处理，c.驯顺的，d.乳猪，e.鳗螈，f.传说中的，g.流浪狗，h.包括在目前分类中的，i.发疯似的烦躁不安的，j.数不清的，k.浑身绘有十分精致的骆驼毛，l.等等，m.刚刚打破水罐的，n.远看像苍蝇的。'"①显然，这种分类是不符合动物特性，也不符合动物类属的，如"属皇帝所有"的动物，在中国封建社会当指"龙""凤"，是至高无上的皇权身份和地位的象征，具有特殊的文化意义，是中国先民想象中的动物，而不是大自然中存在的动物。不过值得学习思考的是，福柯在惊奇之后，向人们阐述，我们看到语言在表述世界同一事物时出现不同称说而惊奇是因为"我们完全不可能那样思考"，那是"另一种思想具有的异乎寻常魅力的东西"。福柯告诫人们，应该在进行不同语言的表述之后再做深入思考，比如汉语中的"龙"和英语里的"dragon"为何意义决然不同，而不是以一己之见曲解另一种思想所外化之事，不要轻浮地嘲笑说者所独有的东西，这才是人类在交往时所应秉持的科学态度。但是长期以来，福柯指出的这一种误解并未受到重视，它极易出现在不同文化对世界现象做语言描述的修辞中，人们也极易陷入以一己之文明为参照系去嘲笑其他文明而不自知的陷阱。就像西方学者常常采用近现代的"科学"条件去衡量分析中国人对动物的分类，批评汉语对动物的命名界线不够清晰、概念模糊，甚至批判汉语中根本就没有关于动物的定义，等等。但是正如福柯所言，这种"词与范畴……从根本上基于庄重的空间，这个空间全部超载了复杂的画像、紊乱的路径、奇异的场所、秘密的通道和出乎意料的交往；于是，在我们居住的地球的另一端，似乎

---

① ［法］米歇尔·福柯：《词与物——人文科学的考古学》，莫伟民译，上海：上海三联书店，2016年，前言第1页。

存在着一种完全致力于疆域的有序（l'ordonnance de l'étendue）的文化，但这种文化并不在任何使我们有可能命名、讲话和思考的场所中去分布大量的存在物。"①某些西方学者是在没有全面了解中国人生活的地理环境，也没有充分了解中国人在人类历史进程中形成的独特的文化理念，便在缺乏人与自然关系之思维模式的前提下给出断言，这样一来，自然不能理解中国人在语言表达方式上不同于其他语言的特点，所以在谈及中国历史文化时，也产生了根本性的误解。当然，中国先民在认知大自然的过程中，也在不断调整对自然之物的分类，比如，草本植物与木本植物由混而不分到列为两类。例如，《楚辞·招魂》云："胹鳖炮羔，有柘浆些。"其中"柘"指"蔗"。"柘"是以"木"示意，而"蔗"却是以"艹"示意。可见，中国先民开始是将甘蔗归为木本植物，后又调整为草本植物的。

在对自然界的物种进行归类命名方面，古代中国人是有逐渐发展过程的。东汉人许慎是世界首位采用统计法进行语言研究的学者。他对540个汉字进行分类并将其列为部首字，进而分析了540个部首字统领的9353个字（词）的最初意义，全面阐释这些字的形、音、义的本源，完善并最终确立了"六书"理论。后继学人在此基础上不断探究，以"浑言""析言"等术语进行"类""属"的阐释。"浑言"（又名统言、通言、散言），即笼统地说，强调事物之间的共性，忽略差异性。"析言"则是将近似的事物分别说，强调每一事物的特性。比如，我们现在说的行为"走"，古人其实分得很细，是依据走路速度的不同而进行称说的。清人段玉裁在《说文解字注》中曰："徐行曰步，疾行曰趋，急趋曰走。"可见，古代中国人观察很仔细，以行走的速度不同、姿势有别，给出了步、趋、走三个词分别进行称说。

西方学者在研究中国"学"时，如果不关注中国历史，而一味采用西

---

① ［法］米歇尔·福柯：《词与物——人文科学的考古学》，莫伟民译，上海：上海三联书店，2016年，前言第5页。

方的近代"科学"方式观察中国文献所记录的自然等知识，就会误解误读。比如，古代中国人对大自然中动物的称说，既有"禽"又有"兽"。"禽"字甲骨文写作✦（《合集》33375）、✦（《合集》10827），金文写作✦（《集成》4041）。从古文字形体来看，"禽"字本是一种工具，像有柄的网。"兽"字甲骨文写作✦（《合集》28341），金文写作✦（《集成》5395）。《说文解字》曰："禽，走兽总名。""兽，守备者。"兽，也是禽兽的总称。而《尔雅·释鸟》对"禽""兽"的解释则是："二足而羽，谓之禽。四足而毛，谓之兽。"可见，二者对"禽"和"兽"的解释有分歧。对此，段玉裁在《说文解字注》中进行了阐述，他说："然则仓颉造字之本意谓四足而走者明矣。以名毛属者名羽属。此乃称谓之转移假借。及其久也，遂为羽属之定名矣。《尔雅》自其转移者言之。许指造字之本言之。凡经典禽字，有谓毛属者，有谓羽属者，有兼举者。故《白虎通》曰：'禽者何？鸟兽之总名。'"在此，段玉裁说明，古人解释文字的出发点有别，所以我们阅读到的文字内容也不同。这一点很重要，就是前人的阐释有自己的视角，后人在理解时要进行分析判断，在具体语境下做出选择，否则就会出现偏差。我们再看几部古籍文献，这又与《说文解字》《尔雅》有别，显然已经不是"禽"字本义了。《礼记·月令》云："命主祠祭禽于四方。"孔颖达疏："兽之通名也。"《列子·黄帝》云："傅翼戴角，分牙布爪，仰飞伏走，谓之禽兽。"《三国志·华佗传》："吾有一术，名五禽之戏。一曰虎，二曰鹿，三曰熊，四曰猿，五曰鸟。"对此，西方学者颇感迷惑，如他们阅读明代学者陈绛在《辨物小志》中对"禽""兽"的辨别时，认为中国人自己也搞不清楚到底什么是"禽"什么是"兽"。陈绛的《辨物小志》相关内容如下：

> 二足羽曰禽，四足毛曰兽。然兽亦言禽，《易》"即鹿无虞，以从禽也"，鹿亦禽也。《曲礼》"猩猩能言，不离禽兽"，猩猩

亦禽也。《仪礼》"以禽作六挚",卿羔,羔亦禽也。蔡邕《月令·问答》"十二辰之禽",鼠、牛、虎、兔、马、羊、猴、鸡、狗、猪、龙、蛇皆禽也……禽亦言兽,《周礼》"……天下之大兽五",蠃属、羽属、鳞属。是鸟、龙、蛇皆兽也。

一位英国汉学家用英语翻译了陈绛的上述文字,大意是:

> 有羽的两足动物叫作"禽",有毛的四足动物叫作"兽"。然而兽也可称为"禽"。《易》说:"谁没有猎人相助而逐鹿,谁就是追逐禽。"可见鹿也是"禽"。《曲礼》(《仪礼》的一篇)说:"虽然猩猩能说话,却与禽兽没有区别。"可见猩猩也是"禽"。《仪礼》以"禽"为六种礼物,而卿的礼物是羔羊,可见羔羊也是"禽"。蔡邕《月令·问答》把十二生肖都称为"禽",所以鼠、牛、虎、兔、马、羊、猴、鸡、狗、猪、龙、蛇都是禽……也可以称为"兽"。《周礼》说:"……天下有大兽五种。"其中就包括蠃者、羽者、鳞者。意思是鸟、龙、蛇都是"兽"。[①]

我们将两段文字进行比较后可以看出,它们在文字表达上近似,翻译似乎是遵照了原文的,从翻译角度而言是成功的,但在中英文语码转换后,要真正领会、理解这一段关于"禽""兽"的文字表达,还必须具有汉语"类""属"的概念,必须具有汉语古文字学方面"浑言"和"析言"的知识,以及动物在古代中国文化范畴的意义知识,要了解古代中国动物与人的关系观念才可以。否则就会产生古代中国人不具有分别动物种类的意识和思维模糊混乱的误解。其实,在其他语言中,这种情况也是存

---

① [英]胡司德:《古代中国的动物与灵异》,蓝旭译,南京:江苏人民出版社,2016年,第25—26页。

在的，比如英语"fowl（家禽）是一种可以吃的鸟类，可是在fish，flesh，or fowl（鱼，肉，鸡）或者the fowl of the air（空中的鸟，飞鸟）就是任何一种飞禽"①。这句话里的"家禽""飞禽"与中国人的动物分类存在明显差异。假如双方就此话题进行交流，一定会出现理解方面的障碍，因为不同语言的形式和意义并不是一一对应的，尤其是词句意义，往往是不等值的。

人们希望能够形象表达自己的思想情感时，会自然而然地联系自己所熟知的物体进行辅助性描述，其以语言的形式再现世间万事万物时融入了对大自然的解读，其选用的词语和句式带有自身情感。也就是说，语言已经不是与物完全相应了，"语言与世界的关系，是一种类推关系，而不是意指关系；或者还不如说，语言作为符号的价值和语言的复制功能是重叠在一起的；……自从通天塔的灾难以来，我们必定不再在词本身中探寻它了（几乎鲜有例外）：我们是在语言的存在中，在其与世界总体性的关系中，在它的空间与宇宙场所和形象的交叉中来探寻语言的功能"②。法国语言学家约瑟夫·房德里耶斯说："就语言来说，听话者的听觉形象，只有当他能够把这些形象转变为发动形象，使他也变成了说话者，才是有价值的。"③就上文所说的动物分类问题，如果能够透彻明白"不同人群对待自然界的种种态度和成见，也可能反映在人类社会形形色色的等级制度中……古往今来各个社会，都曾根据各自对动物的社会需求、宗教需求、经济需求，根据各自对待动物的情感倾向来安排社会秩序。即使在一个特定社会中，具有社会意蕴的动物观念也未必是清一色的，而可能自相矛

---

① ［美］布龙菲尔德：《语言论》，袁家骅、赵世开、甘世福译，钱晋华校，北京：商务印书馆，1980年，第182页。
② ［法］米歇尔·福柯：《词与物——人文科学的考古学》，莫伟民译，上海：上海三联书店，2016年，第40页。
③ ［法］约瑟夫·房德里耶斯：《语言》，岑麒祥、叶蜚声译，北京：商务印书馆，2012年，第25页。

盾"①的历史事实,就会在诸如此类问题上释然,就不至于在误解中越陷越深。比如,乔治·莱考夫和马克·约翰逊二人在《我们赖以生存的隐喻》一书中谈及转喻时举例说:

> 在基督教里有一种转喻"鸽子代表圣灵"。这是典型的转喻,但其象征性并不是任意的。它基于鸽子在西方文化中的概念,以及圣灵在基督教理论中的概念而产生。为什么鸽子象征圣灵,而不是如鸡、秃鹰或者鸵鸟,这是有原因的。鸽子被认为是美丽的、友好的、温和的,同时最重要的是和平的。作为鸟,它的自然栖息地是天空,天空转喻为表示天堂,天堂是圣灵居住的地方。鸽子飞行优雅,滑行轻巧,被认为是来自于天上,走入寻常百姓家的典范。②

他们分析说:"文化与宗教概念系统本质上是隐喻性的。连贯的隐喻体系赋予宗教及文化以特色,而象征转喻正是联系日常经验和隐喻体系的关键一环。基于我们的物理经验的象征转喻,为我们理解宗教和文化概念提供了至关重要的途径。"③他们分析得极是。但是,"为我们理解宗教和文化概念提供了至关重要的途径"一定是在交流双方共同拥有宗教和文化概念的前提下实现的,或者说,一定是在拥有相同日常经验的"物理经验"的群体中,才可能顺利借用此"途径"理解这样的"转喻"。这也就意味着,另一个群体要想准确理解这样的转喻或者说这一"日常经验",就不一定顺利了。听者要么无言以对,要么很可能误入歧途,引发误会。因为人们在谈论或者思考一些生活现象时,会很自然地联系自己熟悉的生

---

① [英]胡司德:《古代中国的动物与灵异》,蓝旭译,南京:江苏人民出版社,2016年,第5页。
② [美]乔治·莱考夫、马克·约翰逊:《我们赖以生存的隐喻》,何文忠译,杭州:浙江大学出版社,2015年,第36—37页。
③ [美]乔治·莱考夫、马克·约翰逊:《我们赖以生存的隐喻》,何文忠译,杭州:浙江大学出版社,2015年,第37页。

活场景或者所谓经验,自然地采用自己所熟知的词语来解说听(读)到的新词,引用自己曾经的经验来阐释新出现的事物,输出时则往往忽略听(读)者(交流的对象)是否具备共同经验和词语含义信息。比如,有一位来华留学的俄罗斯人谈及自己学习中的困惑时说,在中国文化里,牛是勤劳者的象征,所以汉语里认真工作、努力向上的人被比作老黄牛,但是在俄罗斯文化里,勤劳的象征是马,俄语常说"他像马一样干活",因而他在学习汉语中的"牛"时,常常要反应半天才能明白其意思。又比如,他发现汉语里一些常用词在俄语里是没有的,他不知道该怎么翻译。比方说,中国人常说"辛苦了""麻烦",而在俄语中就没有合适的词来表达。再比如,汉语"喜鹊登梅""鹊上枝头""喜上眉梢"等可用于结婚等喜庆时刻,人们也会用喜鹊剪纸或者绘有喜鹊的茶具等展示欢快、喜悦、幸福的心情。但是如果参加俄罗斯朋友的婚礼,送上一套以喜鹊为主角的剪纸或者绘有喜鹊的茶具,那么就糟糕了,一定会引起很大的误解。因为在俄罗斯文化中,喜鹊是搬弄是非的象征。可见,如果没有共同的经验,理解其他文化是很不容易的。毕竟,我们所谓的文化是在大约七万年前,由一些"智人"创造出来的更为复杂的架构[1],又怎么可能是采用什么句式或采用生成、翻译等方法就可以解释得清楚的呢!比如,"智人"的英语"Homo sapiens"翻译为汉语是"明智的人"[2],但是其语义绝对不能与"××是一个很明智的人"中"明智的人"的语义画等号。所以罗素说:"在描述世界时,主观性是一种坏习惯。"[3]

每一种语言所运用的隐喻对象都是与操该民族语言的人的历史文化背景有关的,在跨文化交际中,任何一方都既不能以己推人,也不能凭借双

---

[1] 参见[以色列]尤瓦尔·赫拉利:《人类简史:从动物到上帝》,林俊宏译,北京:中信出版集团,2017年,第3页。
[2] [以色列]尤瓦尔·赫拉利:《人类简史:从动物到上帝》,林俊宏译,北京:中信出版集团,2017年,第6页。
[3] [英]罗素:《罗素文集》第九卷《人类的知识——其范围与限度》,张金言译,北京:商务印书馆,2012年,引论第13页。

语词典的释义进行输出或者接纳，而应与交流者输出的语境紧密结合。在学习一门新语言时，词典里的释义是造成学习者误解的主要原因之一。即使是同源文化的说者，在使用比喻性言语时，也会处处显示出不同之处，因为两个人不可能说出完全相同的语句来。人们进行言语交流的"比喻"不同于文学作品里的修辞手法，而是人们在认知世界的基础上，结合所掌握语言的词汇和一定句式，将内心情感表达出来的一种手段，说者是将其熟悉的事物与想传递给听者的事物建立联系，预设为听者也是熟悉那一事物的。但是，说者往往忽视了听者与他的认知未必一致的事实。说者采用隐喻的初衷，是帮助他解释所要传递信息的内涵，可是这样的隐喻表达手段要建立在交流双方了解周围世界并且认知接近或一致的前提下，否则，交际时就可能出现障碍，出现误解。比如，在中国文化里，我们常常将父亲比作高山，父亲的肩膀如山脊一样坚实可靠，又将父亲的爱比喻为高山那样深厚，故有"父爱如山"一词。因为在中国文化中，雄伟的高山给人一种坚实可靠的心理暗示，同时，自古以来，在我们的文化与思维中，都有高山峻岭的陪伴，如以泰山为代表的"五岳"的文化意义就早已超越了实体山峰的意义。但是英语文化中的读者或听者在读到或听到这样的说法时就会觉得很奇怪。因为在他们的意识里，这种比喻"过于边缘。……由于这种隐喻概念使用太少，它们通常不会与其他隐喻概念产生系统的交互联系。就我们的目的来说，这样的隐喻就显得相对不怎么有趣了"①。同理，我们对英语文化中的隐喻也不是都能够即时理解的，比如他们以"斗牛""牛仔""枪"做比喻时。再比如，在日本，乌龟是健康长寿的象征，所以日本人会将乌龟饰品作为礼物赠送给老师、朋友。但是中国人这时就会很为难，收也不是，不收也不是。收下吧，似乎意味着承认自己是无能无胆量的"龟孙子"；不收吧，对方确实是一番好意。当然，我们

---

① ［美］乔治·莱考夫、马克·约翰逊：《我们赖以生存的隐喻》，何文忠译，杭州：浙江大学出版社，2015年，第56页。

可以先进行解释，再收下礼物，并表示感谢。但是愉快的交流中出现这样的"尴尬小插曲"的缘由，我们应该知道：人类的语言是其生活经历的体现，称说大自然中的物体或是借物抒发内心的情感，都会受制于生活经验。因此，一种语言中的物象与另一种语言中的物象有别是极其正常的。

　　人类最初以族群的方式分散在地球上的不同地方，语言产生后，人类根据所居住的自然环境、生活经历、目之所及展开联想，对大自然的万事万物进行分类，给所有事物进行命名，这就是"词语"，对词语所做的解释就是"概念"，所以不同地区的人给出的"概念"涵盖的范围会有出入。比如在用自然之物来比说社会现象、生活事项或者情感思想时，就会有不同。《礼记·檀弓下》记载："孔子过泰山侧，有妇人哭于墓者而哀。夫子式而听之，使子路问之曰：'子之哭也，壹似重有忧者。'而曰：'然。昔者吾舅死于虎，吾夫又死焉，今吾子又死焉。'夫子曰：'何为不去也？'曰：'无苛政。'夫子曰：'小子识之，苛政猛于虎也！'"这个故事借助孔子之言，用虎比喻"苛政"，虽然有儒家思想色彩，但也与当时该地有虎常常出没伤人致死有关——《说苑·辨物》和《管子·小问》中就分别记载有晋平公和齐桓公外出途中遭遇猛虎，险被其伤的事情。如果将"苛政猛于虎"的故事讲给从未见过虎的人，或者没有"苛捐杂税"生活经历的人，他们就很难将"虎"与"苛政"建立关联，也就不容易理解这句话的意思。这是因为有的比喻来自生活经验，生活经验又与生活环境和生活习俗密切关联，约定俗成地存留在某种语言里。乔治·莱考夫和马克·约翰逊说："每一项经验都是在一定广泛深厚的文化前提下获得的。"①这也正是胡壮麟指出的："在文明社会中，语言已构成文化的最主要成分，现代文化更多的是语言的沉淀。"②

　　文化中的价值观也会影响人们对另一种文化中的语言词语的准确理

---

① ［美］乔治·莱考夫、马克·约翰逊：《我们赖以生存的隐喻》，何文忠译，杭州：浙江大学出版社，2015年，第58页。
② 胡壮麟：《认知隐喻学》，北京：北京大学出版社，2004年，第4页。

解。比如在中国传统观念中,"黄金有价玉无价",所以人们"视黄金如粪土",而借用"玉"来昭示无价。汉文化中"五行学说"里的世界五种物质"金、木、水、土、火"的"金"指代大自然中的所有矿物质,所以商周的青铜器铸刻文字被称为"金文"。但在西方文化中,黄金常常被喻为外化抽象理念,比如真理,英国人洛克说:"不过真理如黄金一样,并不是因为新从矿中挖出,就不是黄金。"①

对于方位词和时间词的语义想象,中西方也存在差异。美国学者乔治·莱考夫与马克·约翰逊在《我们赖以生存的隐喻》中,对美国主流文化中的空间隐喻"上—下"进行了较为细致的剖析,指出他们是将"量多""未来"视为空间中的"上",反之则为"下"。同时,作者指出:

> 并不是所有文化都会像我们一样给予"上—下"方向优先权。有的文化中平衡与集中发挥着比在我们的文化中更重要的作用。或者我们来看一下"主动—被动"这个非空间方向。对于我们来说,大多数情况下,"主动为上""被动为下"。但是也有这样的文化,更为看重被动而非主动性。一般说来,主要的方向性上—下、里—外、核心—边缘、主动—被动等似乎跨越所有的文化,但是哪些概念被赋予何种方式的方向性,哪些方向又是最为重要的,却是因文化不同而不同。②

在同一母语文化背景下,言语双方或者言语群体也可能会由于价值取向不同,在交流中因对某物(事件)的概念定义不同而产生理解偏差。在跨语言交流中,若价值取向一致,但文化中的隐喻方向不同,对某物(事件)的概念解释有异时,也可能出现交际困境,产生理解偏差。

---

① [英]洛克:《人类理解论》,关文运译,北京:商务印书馆,1959年,第7页。
② [美]乔治·莱考夫、马克·约翰逊:《我们赖以生存的隐喻》,何文忠译,杭州:浙江大学出版社,2015年,第22页。

在人类使用语言这一工具进行交流时，如果有一方以"井底之蛙"的认知方式言说"井"外之物，又坚决不肯放弃"九斤老太"式的固有思维方式，拒绝尝试了解进而熟悉新观点、新行为或者对"他"而言属于新思维、新文化的知识，那么交往一定是无法进行的。正如于·哈贝马斯所言："交往行为是以象征符号为媒体的相互作用。这种相互作用是按照必须遵守的社会规范进行的，而必须遵守的规范又是给相互期待的行为下定义的，并且至少必须被两个行动着的主体理解和承认。"[①]比如日本文化中有一种行为文化是多数人知道的，即鞠躬。在日本或者与日本人见面时，对方行九十度弯腰鞠躬礼，我们会正常回礼，但是如果是中国人对中国人做这样的行为，则会被视为过于客气。

我们在言语交往过程中，其实是在展示运用语言这一工具的技术如何。马歇尔·麦克卢汉在《理解媒介：论人的延伸》中，风趣地将语言比喻为"人类创造的最早的一项技术"，他说，在语言转化为文字的过程中，人的感知也发生了变化，因此，"每一种文化、每一个时代都有它喜欢的感知模式和认知模式，所以它都倾向于为每个人、为每件事规定一些受宠的模式"。[②]同时，每个人在使用适合自己的表达模式时，又必须依赖所掌握的知识，而文化的全部机制就是一种具有象征性质的机制。美国语言学家史蒂芬·平克在《语言本能：人类语言进化的奥秘》一书中论及谈话者之间言语信息的有效性时指出：

（谈话）效率取决于谈话者之间所共享的背景知识以及对人类行为心理的了解。只有借助这种知识，他们才能对谈话中的各种名称、代词以及简单描述进行前后参照，以理顺各个句子之间的逻辑

---

① ［德］于·哈贝马斯：《交往行动理论》第一卷，洪佩郁、蔺菁译，重庆：重庆出版社，1994年，第40页。
② ［加］马歇尔·麦克卢汉：《理解媒介：论人的延伸》（增订评注本），何道宽译，南京：译林出版社，2011年，第5、6页。

关联。如果缺乏共同的背景知识，比如说谈话的一方来自不同的文化，或者患有精神分裂症，或者是一台机器设备，那么即便是最好的句法剖析器也无法解读出句子的全部含义。

....

所以说，要理解一个句子，就必须将从句中搜集到的所有信息碎片整合起来，形成一组庞大的心理数据。为了做到这一点，说话者不能仅仅将事实一个接一个地送进听者的耳朵。人类知识并不是一张纵向排列的事实清单，而是一个复杂的网络系统。因此当说话者准备用语言来表达一连串事实时，他必须用特定的方式来组织语言，以确保听者可以将每个事实纳入已有的知识框架中。①

正因如此，在人际交往中，如何使别人理解自己的语言，不出现交流障碍，不使对方产生误解，就成为一个技术性的精彩过程。

以上，我们主要从说者的角度谈论保障交流顺畅的问题。在交流过程中，如果有的信息是听者独有的，也会出现交流障碍，产生误解。信息接收者在交际活动中，为了理解对方，也为了让对方理解自己，总是或多或少有意识地假定与对方存在一个共同文化。如果这一共同文化存在，则双方交流顺利，如果不存在，则误解就不可避免。要准确理解说者的意思，就得有相同的文化认知，这一文化认知应该与对话语境相匹配。然而，理解是在说者解释的基础上完成的。解释过程中的误解，尤其是牵涉文化意蕴的解释，也可能造成误解。可见，诠释的困境便是由说不清楚造成的——或许是无法补充完整的语境，或许是缺少必要的认知基础。俗语"秀才遇到兵，有理说不清"便是典型的文化认知差异引起的沟通困难，其表象则是语言的理解困难。

---

① ［美］史蒂芬·平克：《语言本能：人类语言进化的奥秘》，欧阳明亮译，杭州：浙江人民出版社，2015年，第237页。

一个词的概念意义就是对这个词的意义限定,其外延常常无法与说者潜意识里的"以为"相遇。正如美国语言学家沃尔夫所言:"我们都按自己本族语所规定的框架去解剖大自然。我们在自然现象中分辨出来的范畴和种类,并不是因为它们用眼睛瞪着每一个观察者,才被发现在那里,恰恰相反,展示给我们的世界是个万花筒,是变化无穷的印象,必须由我们的大脑去组织这些印象,主要是用大脑中的语言系统去组织。"[①]因此,语言虽为个体操作的工具,但是离不开个体伙伴即听者的协作,放大而言,就是不可以游离于社会。正所谓"任何个人的语言现象,都是派生于语言作为社会的交际工具而产生和存在"[②]。如果说者传递出的信息是多向度的,但是听者仅有一项与传递过来的信息相匹配,而且是他的语言中所独有的,那么他所进行的解读一定是"独一"的,这样,或许就有悖于说者的初衷和意向而产生误解了。

中西方在谈及中国文化或者中国人的宗教信仰时,时常出现争执。因为西方一些人习惯用西方的文化模式和宗教信仰习俗分析中国的各种文化,评说中国人的宗教信仰,自然容易出现误解。从语言形式与记录语言的文字方面来说,中文与西文完全不同,从历史进程来说,中华民族也不同于世界上其他任何国家和民族,所以应该在充分观察和听取(阅读)中国的社会(文献)的基础上,以客观公正的态度、符合实际的方法来分析中国的一切。例如,许倬云先生就在《杨庆堃先生的治学生涯》一文中以西方学者马克斯·韦伯对中国宗教和文化的片面分析为例指出:

> 韦伯为了比较研究,自然有其主题的选择,也因此对于中国宗教未能作全面的考察。同时,韦伯所处时代,西方对于中国文化的了解不够深入;西方汉学著作还相当稀少,是以韦伯只能从经典

---

① 转引自李宇明:《汉语量范畴研究》,武汉:华中师范大学出版社,2000年,第5页。
② 徐大明、陶红印、谢天蔚:《当代社会语言学》,北京:中国社会科学出版社,1997年,第1页。

文字及西人观察的报告讨论中国人的信仰，受资料与其主观观点之限，以为中国人缺少理性思维，长期受符咒术数的约制，甚至以为中国文化长期的停滞也是因此而起。……中国宗教研究，天地甚为广阔，其中可以探索的课题甚多。单从圣俗之间的分际来讲，报施与承负，在基督教与印度佛教，都是个人的事，只是基督教从神恩引申于救赎，印度佛教由果报引申为轮回。中国人则将俗世的家庭观念引入报施与承负，而有家族的福泽与祸殃。于是圣与俗在孝顺的伦理中渗透混同了。①

遗憾的是，这种因为了解的片面性和固化认知而造成的对中国文化的误解仍然在延续。消弭误解的方法，除了中西方多交流互动，还应有越来越多的人对中国文化及工艺技术进行研究，"使世人认识中国有机的思维方式，确与欧洲机械的思维方式不同"②。

文化差异、文字不同均会使人在审视另一个民族的事物时出现问题。米歇尔·福柯在谈论中国文化和文字时说："对我们的想象系统来说，中国文化是最谨小慎微的，最为层级分明的，最最无视时间的事件，但又最喜爱空间的纯粹展开；我们把它视为一种永恒苍天下面的堤坝文明；我们看到它在四周有围墙的大陆的整个表面上散播和凝固。即使它的书写文字也不是以水平的方式复制声音的飞逝；它以垂直的方式树立了物本身之静止的但仍可辨认的意象。"③法国哲学家伏尔泰在《风俗论》中也曾强调："我们谈论中国人时，不能不根据中国人自己的历史。"④

每一种文化都是传承自己先祖的经验而来的，"人们和世界接触的时

---

① 许倬云：《许倬云自选集》，上海：上海教育出版社，2002年，第66—67页。
② 许倬云：《许倬云自选集》，上海：上海教育出版社，2002年，第66页。
③ [法]福柯：《词与物——人文科学的考古学》，莫伟民译，上海：上海三联书店，2016年，前言第5页。
④ [法]伏尔泰：《风俗论》上册，梁守锵译，北京：商务印书馆，2009年，第84页。

间短暂，观察事物又不免带有个人偏见和局限性"①，因此，美国语言学家爱德华·萨丕尔说，语言是一种文化功能，不是一种生物遗传功能。而文化上的差异是产生误解的主要因素。比如，中西方在诸多方面的不同，常常引起理解偏差，造成不快。正像许倬云先生所言，虽然从古代到近代，双方也在不断交流，"不断地接收着彼此的信息，但是，两者依然有着巨大的差别，两个地区的文化，自古以来'走着'完全不同的方向"②。中西方无论是饮食还是风俗礼仪，都显示出非常大的不同。且"欧洲长期继承了战斗部落的文化特质——这也是他们的文化基因。使得他们不断扩张，永远'进取'，相比中国呈现的安定和内敛，的确有显著的不同"③。当我们"对比中国古代的面貌和欧洲印欧化过程中发展的面貌，我们看到，其间各自保存的传统，终于在后来两三千年的发展过程中分道扬镳，各走各的道路，各自发展相应的价值观和社会制度"④。如此，在交流中定会出现诸多不解甚至误解。比如，每一种语言里都有颜色词语和数字词语，但是每一种语言里的数字词语，除了本身记录的意义外，所附带的文化意义是不尽相同的。在中国文化里，偶数和三、六、九被视为吉利数字，而其他奇数一般被视为"阴间"数字，所以结婚、乔迁等喜庆之事一般会在双数（偶数）日子进行；亲人不幸去世，下葬前停放的时间则是三天或者五天、七天，纪念也是以七天为一个周期，七个七天后，又以第一年和第三年最为隆重。而在欧美文化里，数字"13"被认为是不吉利的数字。他们住宾馆时一般会拒绝入住13号房间，也不喜欢13号座位或者13号车厢。中西方在这方面的差异就是受佛教文化和基督教文化的不同影响而形成的。

---

① ［英］罗素：《罗素文集》第九卷《人类的知识——其范围与限度》，张金言译，北京：商务印书馆，2012年，著作序第11页。
② 许倬云：《许倬云说历史：中西文明的对照》，杭州：浙江人民出版社，2013年，第13页。
③ 许倬云：《许倬云说历史：中西文明的对照》，杭州：浙江人民出版社，2013年，第22页。
④ 许倬云：《许倬云说历史：中西文明的对照》，杭州：浙江人民出版社，2013年，第25页。

人们如果"以己推人",不顾别人的文化禁忌,就会"好心办坏事",产生让人哭笑不得的误解。比如,莫小米的《人生感念三则·喜欢》便记述了这样一个故事:

> 放寒假,三个城里女孩到乡下舅舅家玩。舅舅带着她们到处转悠,把他认为最新奇好玩的、最值得自豪的东西一一指点给她们看。但大约是见多识广的缘故,女孩们的反应总是淡淡的。当来到花圃的暖房时,看见三盆橘树盆景,女孩们发出欢呼。那三盆橘树都结有一个圆硕的、金灿灿的柑橘,确实美丽极了。见女孩们喜欢,舅舅毫不吝啬地拧下了一个柑橘,女孩们一愣。当发现他还打算摘第二个柑橘时,她们一齐大喊:"不要,不要摘……"舅舅只道她们是客气,哪里肯听,转眼工夫,三盆橘树都只剩下墨绿的叶子,三个柑橘放了三个女孩的手里。金灿灿的颜色与女孩眼神里的神采一同消失了。这样的柑橘,家里不是经常有一整箱吗?她们喜欢的,是挂在树上的柑橘和结着柑橘的树。现在,她们的喜欢,毁于顷刻。而这一刻,舅舅满心欢喜,他以为,他终于给了她们喜欢。①

再比如,在看待历史延续性问题上,中西方也很不同。中国的普通百姓和历史学家都一致认为,中国的历史是连续的,无论是史书记载还是神话故事,包括历代口耳相传的故事都告诉人们:中国的历史在人类史上独一无二!但这些超出了一些西方人的认知范围,他们要么觉得这个国家的一切都"很神奇",要么就干脆全部否定,不承认中华文化几千年的历史,甚至出现了"中国历朝历代不是中国"的谬论。比如,中国的历史学家"讲先秦",其他国家的一些历史学家则"讲先汉",即使"我们的古人对这个问题显然非常清楚,都认为秦汉帝国的建立实际上是西周打下来

---

① 莫小米:《人生感念三则》,载《意林》2006年第21期。

的基础，这个概念在中国历史上一直都是很清晰的"，并且已经有了考古新发现佐证此史实，误解乃至冲突仍在，其原因主要就是"西方学者用他们的传统概念、词汇来解释中国，……中国人讲'国家'一词的时候，很少有学者注意state是什么意思，而西方国家会用state，用nation，比如申根国家都用的是state。更大程度上，nation是族，state是国。但nation与中文里的民族不一样，有学者管其叫'想象的共同体'，不同的族群组成一个nation，通过认同归属同一族，就像明明美国有很多不同的族群，但是一谈国籍就说'我是美国人'，美国就是nation"①。也就是说，一些西方人不承认中国早期的历史，实际是固化的"state"和"nation"的语义和其不了解中国历史形成在作祟，是将欧洲大陆各国的形成模式移植到了对中国国家历史的分析中。这又怎么会不出现荒唐的扭曲式的误解呢？这就如同史蒂芬·平克批评沃尔夫，说他的霍皮人缺乏时间概念的"古怪结论"是在"极其有限的霍皮语样本、偏颇拙劣的分析方法，再加上对神秘主义的一向偏爱"②下得出的一样。所以我们都应该明白，将一种语言翻译成另外一种语言时，不可能把原有的语义完全真实地再次表达出来，所以意大利语很生动地说，翻译者是背叛者③。

邻里之间，亲朋好友之间，见面打招呼是起码的礼貌。由于生活经历不同，各地的招呼语也可能不同。在20世纪90年代之前，来华留学生很少，他们最好奇、最不可思议的是，中国朋友、中国老师常常"问"他们："你吃了吗？"他们不知如何回答。因为有时问话的时间在两顿饭之间，是回答"吃了"呢还是回答"没吃"？有时问话的地点让他们倍感尴尬，比如卫生间附近。汉语老师向他们解释说，这是一种打招呼用语，可以不按实际情况回答。在中国，打招呼多以关怀对方为主旨。在大洪水之

---

① 李零：《"中国"是一个历史发展的概念》，载《文汇报》2016年7月15日。
② [美]史蒂芬·平克：《语言本能：人类语言进化的奥秘》，欧阳明亮译，杭州：浙江人民出版社，2015年，第55页。
③ 参见王士元：《语言、演化与大脑》，北京：商务印书馆，2011年，第22页。

后，由于毒蛇数量很多，且神出鬼没，常常伤害人，因此人们见面的招呼语是"无它乎？"（"它"是蛇的本字）后来，蛇不再是最威胁人们生命的东西，这一招呼语也就慢慢消失了。随之而来的头号威胁是饥荒，于是人们将关怀转移到了吃饱肚子上来，"民以食为天"，因此"吃了吗"就成为关切亲朋好友的一句问候语了。现在，中国人民不再为饥饿所困扰，所以我们听到的更多的是温柔清亮的一句"你好！"不了解中国历史变迁的人，或许不能理解简简单单的一句招呼语竟然还有如此的变化和深厚的人文关怀。类似的社交寒暄语还有"你去哪里？""请问贵庚？""在哪里高就？""在哪里发财？"等，这些也是在中外交际中容易引起误解的语句。再比如馈赠礼仪用语。中国文化讲究低调谦逊，自己尽心准备礼物，在送给朋友时却会说"一点小意思，请勿见笑"或者"小礼物不贵，请收下"（其实这份礼物可能十分贵重呢）。但诸如此类的话语或许会引起不懂中国文化的人的嘲笑、不解：既然不好，为什么要送给别人？！或者会认为"你"很虚伪，明明很贵还说不贵！这种外国人因不了解汉语文化背景而引起交际误解的例子屡见不鲜。比如有一位老师请留学生到家里吃饭。为了这顿饭，老师忙活了大半天，鸡、鱼等硬菜做了一大桌，待饭菜端上来以后，老师说："做得不好，都是家常便饭，你凑合吃哈。"留学生听了觉得很不自在，心里不免犯嘀咕，甚至对老师的一片好意也产生了怀疑。在他看来，这位老师请他做客，却将做得不好的饭菜拿给他吃，也太不礼貌了。很显然，留学生的误解缘自对中国人自谦的表达方式的不了解。某些西方人对中国礼仪诸如此类的误会很多很深，究其原因，正如伏尔泰指出的："我们以我们的习俗为标准来评判他们的习俗，我们要把我们偏执的门户之见带到世界各地。跪拜在他们国家只不过是个普通的敬礼，而在我们看来，就是一种顶礼膜拜行为。"[①]

在纷繁复杂的世界里，每一个人、每一个民族都应该理智地意识到文

[①] ［法］伏尔泰：《风俗论》上册，梁守锵译，北京：商务印书馆，2009年，第255页。

化各有不同。联合国教科文组织2001年发表的《世界文化多样性宣言》对文化的定义就说明了这一点：文化是"某个社会或某个社会群体特有的精神与物质、智力与情感方面的不同特点之总和；除了文学和艺术外，文化还包括生活方式、共处的方式、价值观体系、传统和信仰"。

五、语言禁忌差异引发的误解

每一个国家、每一个民族都有语言禁区，即语言禁忌。这些语言禁忌来源于生活禁忌，比如，中国有两个人不分梨吃的习俗，哈萨克斯坦东干族则有兄弟姐妹不能共用一条毛巾擦手、两人不可一起打扫庭院的习俗，十分独特。在交往中，由语言禁忌引发的误解也很常见。

人类发明语言时，对生活中的某些事情给出了相应的名称，在使用方面也给出了限定，这就是语言禁忌。《礼记·曲礼上》早就明确指出："入竟而问禁，入国而问俗，入门而问讳。"这里的"竟"即"境"，边境、疆界之意，意思是进入他国疆界时要问清楚这个国家的法令，进入国都时要问清楚当地的风俗习惯，到别人家时要问清楚这家人有什么忌讳。越是古老传统的社会，越是禁忌繁多，这一现象并不奇怪，因为"全世界普遍流行着的世俗的信仰，以种种迷信的方式夸大了语言的效验（魔术的单方、护符、诅咒、人名的忌讳等等）"[1]。在当代社会，人们的科学意识越来越强，但对文化强大的传承性，不应该自欺欺人地忽略，而轻易冠之以"迷信"，以致引起不快。比如，与中国人进餐时，不要将筷子竖着插在碗盘中间；与西方朋友聊天时忍不住打了声喷嚏，应该友好礼貌地说一句"God bless you"。总之，与他人交往时，在言语、行为上都应该尊重他人。

语言禁忌在每一种语言中都有。比如在中国沿海地区，人们常常借助

---

[1] ［美］布龙菲尔德：《语言论》，袁家骅、赵世开、甘世福译，钱晋华校，北京：商务印书馆，1980年，第621页。

船类交通工具进行劳作，危险便在于船的倾覆，所以忌讳"翻"字。如果不了解这一语言禁忌，口无遮拦地说了"翻鱼""翻牌""翻车"等，就会引起当地人的不快，甚至造成误解，以为说者是在故意诅咒他们。在中国文化里，晚辈不可以直呼长辈的名字。因此，古代中国人的名字非常讲究，除了要有美好寓意外，还要严格排除长辈名字中用过的字，以表示对他们的尊敬，而且同一辈人的名字里有一个共有的字，以代表此姓某字辈。这种家谱就像树的年轮一样清晰。同辈人之间，如果一个人大声叫喊另一个人父母的名字，那就代表挑衅，是对另一个人极大的侮辱。因为在他们的观念里，名字已经不是一个人的代号，而是自己的父母本人了。此外，在社会生活中，人们也是尽量避免直呼其名，喜欢用职位称呼彼此，以示尊敬的。欧美文化与此很不相同。像亚历山大·梅尔维尔·贝尔、亚历山大·格拉哈姆·贝尔这种父与子之名相继的方式，中国人很难理解，可能会误以为他们是兄弟关系。此外，人类对自己身体的某些器官和排泄物等，也有语言方面的禁忌，只不过有的严格有的宽松一些。比如，在汉语里，"上厕所"可以用"方便"来代替。而初学汉语者首先了解的"方便"的语义，是便利、简单、困难少，学到的语句可能是"这里交通方便""现在有手机，联系很方便"等。突然有一天，与中国朋友同在茶馆或咖啡厅，听到朋友说"要方便一下"，那他可真是"丈二和尚摸不着头脑"了。当然，英语句子"Where can I wash my hands?"也不是真的在问哪里可以洗手，也是要"方便"的意思。英式英语里，也有与汉语类似的避免直接言说"怀孕"的词语，是"美国knocked up当'使怀了孕'讲"的忌讳形式[1]，如果不了解美式英语和英式英语的这一区别，说出听者忌讳的话，那将会非常尴尬。所以，在实际交流中，为了避免误会，说者也应尽量避免使用与禁忌语同音的词。

---

[1] 参见［美］布龙菲尔德：《语言论》，袁家骅、赵世开、甘世福译，钱晋华校，北京：商务印书馆，1980年，第489页。

中国人很忌讳直接言说亲人的离世，一般会采用隐讳的表达，如"走了""不在了""过世了""离开了我们""仙逝""驾鹤西去"等等。英语里也有"回避某些不吉利的言语形式，这些形式提到一些痛苦的或者危险的事物。人们回避说die（死）和death（死亡）这样的词［换一种说法：if anything should happen to me（万一我有个三长两短）］，也回避一些疾病的名称"①。可见，人心是相通的，这也许是"通天塔事件"发生前人类共有的语言吧！如果不了解这些，以为西方文化都是直截了当地表达，就会有很严重的误解，在交往中就会出现不必要的尴尬和不快。

无论是怎样的生存环境，持何种信仰，交流最终是落实在言语上的。由于各种原因，人们或多或少会有一些生活禁忌语言和禁忌行为，倘若不能互相了解和理解，便会产生许多误解乃至冲突。

第二节　信息发送者与接收者的心理差异引发的误解

人们在交流过程中，在有些情况下会存在心理差异，由此也会引发误解。当信息发送者和接收者的角度一致或者基本一致，交流双方的心理期待一致时，那一定是一次愉快而顺利的交谈，也是交际值程度最为饱满的时刻。这不是语法学层面上句式结构的一致或者语句形式的统一，而是交流双方在心理情感上达成了默契，俗谚"酒逢知己千杯少，话不投机半句多"便是对此现象的很好注释。因为"语言的本质是人。天地人当中，人是天和地的产物，是联系以及反映天和地的。语言是人交际的工具。语言还是人的一个部分"②。《周易·系辞上》道："书不尽言，言不尽意。"意思便是人类的语言并不能表达其全部思想。

---

① ［美］布龙菲尔德：《语言论》，袁家骅、赵世开、甘世福译，钱晋华校，北京：商务印书馆，1980年，第188页。
② 于根元：《应用语言学演讲集》，北京：商务印书馆，2014年，第10页。

一、语言理解与语言反应上的心理差异

人类在最初给万事万物取名时是有所象的,而所象之物一定是自己熟悉的,是符合自己族群接受心理的,正如《左传·桓公六年》记载:"公问名于申繻。对曰:'名有五:有信,有义,有象,有假,有类。以名生为信,以德命为义,以类命为象,取于物为假,取于父为类。'"但随着语言的发展变化,有些词语的语义也产生了变化,"词语要维持一定的新颖度,词语的保护也很重要。语言比较活跃的外层进入比较稳定的内核后,有的还会再到外层来。语言内部的运动不是单向的。语言活跃的外层,用多了,新颖色彩逐渐潜藏,稳定色彩逐渐显现。有的语言不怎么用了,潜藏了,后来又用,又新颖了,不怎么用的某些情况我们叫轮休、充电"[①]。词义在变化,人的心理也在变化,人选用某个词语的义项进行输出,要视具体语境而定。有的时候,说者采取的可能是正话反说或者"变形"说,这就是语言的心理变体。但在实际交往中,如果过分客气,有话不直说而是绕弯说,也会引发听者的误解。因为听者对语言的理解是建立在已有认知基础上的,即他是否具有某些方面的概念。假如一个人连语言中所呈现的事物概念都不知道,又怎么能领悟、理解字面语言背后的隐喻意义或者更高层次的哲学含义?俗话说"话不投机半句多""秀才遇到兵,有理说不清"就是这样的情况,就是说者和听者在话语交流层面无法共鸣,而如果一方的言行使另一方感觉"不可接受",可能还会引起冲突。这种现象更容易出现在跨语言交流者中,也会出现在操同一种语言的交流者中。比如,汉语学习者在学习汉语成语或者谚语、俗语时,即使认读没有问题,理解起来也倍感困难,如愚公移山、红颜知己、喝西北风、三个臭皮匠顶个诸葛亮、不到黄河心不死等。

语言是文化的载体,萨丕尔认为:"语言也不脱离文化而存在,就是

---

① 于根元:《应用语言学演讲集》,北京:商务印书馆,2014年,第3页。

说，不脱离社会流传下来的、决定我们生活面貌的风俗和信仰的总体。"①各民族的语言无不深刻地烙下本民族的文化印记，从而形成了不同语言的文化差异，成语因其古朴的特性，更为集中地反映了一个民族的文化，这也就是汉语学习者在理解上常常出现问题的原因所在。而在纯理论语法研究里，研究者一般注重的是某个词在语句里的位置，比如说到时间名词时，认为其在汉语句子里的位置比较灵活，可以置于句首，也可以跟在主语之后，如：昨天他来了／他昨天来了。英语语句中也有这样不同的顺序：Yesterday he came/He came yesterday。那么，为什么人们在运用时会有不同的语序呢，也就是为什么语言模式存在着差异？就以上述两句英语为例，从表达功能来讲，比起后一种语序，前一种语序的功能要生动一些②。如果我们不明白这一点，以为仅仅是语序上的变化，那就是对语序在功能方面的误解，也会在心理反应上产生误解。

　　由于人类生活在不同的区域，对世界的感知不同，概念化世界的事物也千差万别，因而文化存在差异，所使用的概念性词语也就不同，语言模式也不同。比如在某些观念的对应上，中英文的表达有一致，也有不同的地方：上对应下，好对应坏，多对应少，词序都是上—下、好—坏、多—少。但是大和小的对应却不同，汉语的词序是大—小，而英语的是小—大。在信封上书写地址时，汉语是：国家—省市—区—门牌号，由大到小，英语则与汉语相反。标注日期时，汉语是年/月/日，英语是日/月/年。这一类知识在本族文化中是小学生就已经掌握了的，但是在成人进行二语学习时还是一个知识点，必须经过强化训练才能掌握，否则会在实践中受到母语惯性思维的影响，出现偏差。再比如，两种语言在句子语序的呈现上是一致的，其真实含义也是一致的，但是由于学习者最初所

---

① ［美］爱德华·萨丕尔：《语言论——言语研究导论》，陆卓元译，北京：商务印书馆，1985年，第186页。
② 参见［美］布龙菲尔德：《语言论》，袁家骅、赵世开、甘世福译，钱晋华校，北京：商务印书馆，1980年，第189页。

获得的知识是其表层意义，没有掌握其暗含的语义，在交流中也会出现偏差。比如英语句式"Who know...?"相应的汉语句式是"谁知道……呢？""怎么好说……呢？"在中英文中，该句式的表层意义都是疑问，暗含语义都是陈述。但在实际交流中，双方如果不了解这种句式的表达特点，可能都会以特殊疑问句去理解，使交流中断。比如输出的信息是汉语"谁知道会发生什么呢？"接收者母语是英语，在语码转换中首先将"谁"转换成"who"，就会想着实体的那个"谁"。同样，如果输出的信息是"Who know what could happen？"，接收者母语是汉语，在语码转换中首先想的是"谁"，可能也会被干扰。这种情况也会出现在同一种语言的交流者中，只不过在短暂的停顿后，双方可能会明白过来，所以我们常常听到对话者说出"噢噢，明白了"的补充语。

二、语感上的心理差异

既然人们在交流中存在语言心理反应，那就会有语感心理差异。误解有时也是潜意识的流露，表现了说者和听者的某种需要与愿望、忌讳与担忧。大家有过这样的体验，即声音完全相同的一句话，在录音机中播出和面对面加上表情动作的输出，也会让同一个听者有不同的体会与感受，所以世界上没有一种语言能完全表达某个意志与某种思想。词语或者话语的"意义"与"含义"是不同的。前者是客体性的，后者是主体性的。比如，说某人潇洒，受过良好教育的知识分子和没有接受过较正规教育者的理解就有很大区别，这样一来，对同一个人就有了不同的看法。前者多从某人的精神层面理解，后者则可能多从某人的着装、行为举止等来理解。而理解的偏差也会造成误解。

汉字的字形结构具有表意作用，所以在将外文翻译成汉语时，选用哪个字来表达非常重要。最为典型的案例就是，美国可口可乐公司在进军中国市场的初期，将其饮料Coca-Cola翻译为"蝌蚪啃蜡"。由于在语音上拗口难说,在字义上容易让人产生"虫子"和"味同嚼蜡"的心理暗示,所以销量很差。后来旅英学者蒋彝将其译名用字更改为"可口可乐",使人们无论从视觉上还是听觉上都正向愉悦,Coca-Cola公司才打开中国市场。

人们在交往中,要在说话的同时察言观色,辨析言语情感。俗语"到什么山头唱什么歌""见人说人话,见鬼说鬼话"在某些场合是有道理的,是为了避免不必要的交际误解而采取的交流技巧。林语堂先生曾说,人们"说话是有一种态度的,你必须要注意对方的说话态度"。他举例说:"比方,他是道貌岸然,拉长了面孔在说话,你对他说话,也得这样,这才可以使他重视你。如果他拉长了面孔说话,你却轻佻地随便应答,这就使他对你产生了一个极坏的印象,你就不会被他重视了。反过来,如果对方的说话,态度并不严肃,你的对答,用了严肃的态度,这就叫人感到你是一个没有热情的冷酷的人物,人家将不敢对你接近了。所以,对于对方的说话,你必须审察他说话的态度以及说话的仪表,否则你将不会和他谈得投机的。"①所以说"到什么山头唱什么歌""见人说人话,见鬼说鬼话"并不总是滑头或者投机的表现。

如果我们面对的是母语为英语的听者,且信仰基督教,那么我们采用中式祝福语言,毫不吝啬地说出"I bless you"后,非但得不到听者回应"Thank you",还会看到听者不快或者诧异的表情。因为"bless"的发出者是上帝,而绝不能是"我",我们应该说"God bless you!""May God bless you!"

在汉语教学中,由于学习者常常对具有文化意蕴的"文化词"有理解动态上的偏差,老师应该注意引导学生进行理解。比如"爸""老爸""爸爸""父亲""老爷子"、"妈""老妈""妈妈""母亲""老娘"、"丈夫""老公"、"妻子""老婆"等称谓,在叙称(背称)、直称(面称)、书面称等状态下是有差异的。在当代中国,称

---

① 林语堂:《说话的艺术》,西安:陕西师范大学出版社,2009年,第20页。

谓较之20世纪及其以前有了明显变化，有的称谓语逐渐消失，有的称谓语的内涵发生了改变，如"夫君""内人"之类已经消失，"小姐""先生"的敬称、贬称出现更替，陌生人之间的称谓由20世纪的"同志"转化为"大姐""大哥"，之后又有"帅哥""美女"等。20世纪中国大陆普遍称说夫妻关系的"爱人"一词，由于受到香港地区"爱人"暗含"情人"语义的影响，也很少使用了。诸如此类的语言发展变化，在汉语教学中应该告诉学生，否则学生会出现理解和运用方面的偏差，造成交际尴尬。

同一种语言同一种文化的交流者之间，语感差别不大，只是在一方不太清楚另一方所言信息的背景或语境的情况下，可能会产生理解上的偏差。可是，在母语不同、文化背景各异的交流者之间，由于语言交际策略不同，对某一个关键词的意义及其衍生意义（内涵或者外延）的理解不全面，在听（读）的过程中解读出来的意义与说（写）者想传达的本意不相同，就很容易出现误解，导致交流障碍。如汉语的"宣传"一词对应的英语词有"publicity""advertise""propagandize""disseminate"，如果听者听到"我们要宣传中国文化"之类的句子，心理、情感上不舒服，那或许就是出现了理解偏差。为了更好更有效地交流，采用"传播"一词或许更为恰当，即"我们要传播中国文化"更符合跨文化交际策略。因为语言交际策略，即说者所采用的策略不仅与交际情境有关，还与说者的文化习俗、宗教信仰等有着密切关联，这些关联都会影响听者对话语的理解。

三、情感需要上的差异

人是社会动物，需要情感交流，最常用的方式就是说话，即用语言吐露心声。但是情感需要及情感分享是因人而异的，其差别可能也会引起误解。这可以分为三种情况：①有意趋向某方面的误导；②有意掩饰；③无意误导。在情感抚慰及情感分享时，临时调用的词语较多，因此表露特定情感时，其衍生义与变更义可能会造成误解。同时，说话时的情境、说者的心境也是误解产生的诱因。另外，情感需要常常是较为隐秘的，需要人们借用体态姿势、面部表情及细微的语流气息等，对有声信息进行必要的提醒或补充。在这种情况下，说者在输出交流信息时，使用的句式、发出的语调等都可能成为干扰因素，在一定程度上影响听者做出精准的判断。而如果双方非有声语言的信息符号在情感意义方面不匹配，很可能非但起不到辅助解说的作用，反而会模糊重要信息，这时交流通道的崎岖不平就可想而知了。所以，顺畅交流需要双方在"想要沟通交流"的心理暗示下进行。

在交流中，双方需要遵守格赖斯提倡的合作原则，即遵守量的准则、质的准则、关系的准则、方式的准则[①]。为了准确、有效地进行交际，说者和听者都要采取合作的态度，交际双方必须用彼此都认可的语调和语速，必须使用对方听得懂的语言，并遵循语言的使用规则。如果信息发送者不了解接收者的具体情况，或其出于某种特殊心理，有意使用深奥生涩的词句，东一榔头西一棒槌，不想让听者明白其话语意义或不考虑听者是否能接收信息所含的一切因素，违反合作的原则，就会导致交流障碍，形成情感误解，那么交流自然会中断。史蒂芬·平克在《语言本能：人类语言进化的奥秘》一书中对人类在语言交流过程中必须遵循合作原则重要性的原因，给出了很好的分析：

> 人类的沟通行为依靠的是说话者和听者相互之间的通力合作。说话者需要占用听者宝贵的注意力，以确保听者接收到的都是重要信息，例如一些未知的事件和与听者所思所想密切相关的内容，以便听者可以轻松地得出新的论断。因此，听者心中期待着说话者提

[①] 参见桂诗春编著：《心理语言学》，上海：上海外语教育出版社，1985年，第105—106页。

第三章 信息发送者与接收者的非对称因素引发的误解

供丰富可靠、明确简洁、条理清楚的信息。这种期待可以帮助听者剔除歧义句中的干扰信息，将片段式的话语句进行整合，绕过说话者所犯的口误，猜测代词和描述语的指代对象，以及填补对话中缺失的环节。然而，如果听者不愿合作，甚至心存敌意，这些缺失的信息就必须清楚明白地表述出来。①

在信息发送者和接收者共同遵循的合作原则下，任何问题都能够说明白、辨清楚，这就是中国人所说的"灯不挑不亮，话不说不明"。但是"这些沟通原则常常会被人为打破。说话者往往会刻意说一些与主题毫不相关的话，以便让听者品出弦外之音"②。在日常生活中，不是每一位听者都能够准确释读或者品出"弦外之音"的，尤其是当说者或听者心存敌意，本来就希望对方误解真实语义，以获取对自己有利的结果时。

人们的情感需要影响着对信息的输出和接收，尤其是在社会变革时期，或者不同文明相遇时，人们的理解在很大程度上是受制于情感需要的。情感传输是双向的，但发送者将自己的情感分享或者传递给接收者时，他所传送的情感信息未必是接收者所期待的，或者说未必是接收者的情感能够认同的，在此情况下，就容易产生误解。比如"先生"一词，在英语中是"sir"，是对男性的正式称呼语，运用广泛。但是，在俄语中，"先生"兼有"老爷""主人"之意，感情色彩很明确，所以在与母语为俄语者交流时，最好审慎使用这一称呼语。

口头交流复杂异常，言人人殊。比如人类有共识，"狗是人类的朋友"，但是言"狗（犬）"之词语却非常不同。在有些国家，人们将狗视为家庭中的一员，所以我们有时会听到一个人在介绍自己家庭成员时说

---

① ［美］史蒂芬·平克：《语言本能：人类语言进化的奥秘》，欧阳明亮译，杭州：浙江人民出版社，2015年，第238—239页。
② ［美］史蒂芬·平克：《语言本能：人类语言进化的奥秘》，欧阳明亮译，杭州：浙江人民出版社，2015年，第239页。

"有爸爸、妈妈、哥哥、狗和我",这在中国来说是很少有的。这样文化背景下的人在学习汉语时遇到"狼心狗肺""狗拿耗子多管闲事""狗急跳墙""人模狗样""狗皮膏药""狗头军师""鸡飞狗跳""狗仗人势""狗眼看人低""狗咬吕洞宾,不识好人心""挂羊头卖狗肉""狗嘴里吐不出象牙""走狗""狗腿子"等带有"狗"字的词语时,就会要么出现错解,要么非常不理解。

四、心理语言的可懂度差异

心理语言的可懂度也是交流误解的成因之一,即观念不同会引起理解偏差。在交际中,即使是传递同一种声音、同一个词语,说者与听者的观念相差甚远或者完全不同时,就等于是在传递或者接收异样的语言。但是双方经常忽略了这一重要因素,都以为自己所运用的词语是对方所应知道的[①]。所以我们会发现有时言语动机与言语效果并不相符,这是持不同母语的人语言交流中的常见现象,不过这属于"轻度误解",与说者(写者)的说话技巧(写作水平)、听者(读者)的智力有关。这里的"智力"指知识储备,也指是否善于"听话"。如果接收信息的一方善解人意,那即使接收到的信息超过其知识储备能理解的范围,他也可从心理语言的可懂度上去进行符合逻辑的推测,敏锐地捕捉信息发送者的用意,分析其话语的真实意义。比如A问B:"你老婆病了?"B很诧异地说:"没有啊,她很好。"A接着说:"那你衣服破了一个洞还在穿。"[②]从A的话语中,B可以推测,A是在调侃他衣服破了没人补或更换新的。但如果推测稍有偏离,就可能会出现轻度误解。而如果交流双方处于跨文化交流中,那误解出现的概率就更大了,因为"在一般情况下,凡是只知道本民族语言,也许还知道一些跟本族语十分接近的语言的人,会错误地把他本族语的范畴

---

① 参见[英]洛克:《人类理解论》,关文运译,北京:商务印书馆,1983年,第388页。
② 参见陈建民:《说话的艺术》(增订本),北京:语文出版社,1994年,第149页。

当作普遍的言语形式,或者当作'人类的思维形式',甚或是宇宙本身的形式"①。之所以这样,也是母语的情感在起作用。

美国语言学家乔治·莱考夫和马克·约翰逊在《我们赖以生存的隐喻》中,阐述人类在运用语言这一工具进行交谈等交际活动时,必须尊重彼此的文化背景并尽可能首先展示双方共有的经验并共享时指出:

> 交谈的人如果文化、知识、价值观和假设都不同,那么要相互理解是特别困难的,唯有通过异议的协商,相互理解才有可能。与人协商意义,你必须意识到并且尊重你们背景的差异,以及这些差异何时是很重要的。你需要足够多样化的文化和个人经验才能意识到存在不同的世界观,以及这些世界观是什么样的。您还需要耐心,在世界观上需要有一定的灵活性,对错误大度宽容,还需要有寻找合适隐喻的才能,以便将非共享经验的相关部分传达出去,或者突显共享经验同时淡化其他经验。在创造默契以及交流非共享经验时,隐喻想象力是一个至关重要的技能。在很大程度上,这个技能是由改变你的世界观和调整你的经验范畴化方式的能力组成的。相互理解的问题不是异域风情,而是出现在所有理解非常重要的扩展对话中的。②

人类在长期进化发展中,对外界事物深具情感,然而不同的语言常常做出不同的概括。③比如,汉语在总括词"桌子"下,又根据材质细分出木桌、竹桌、石桌、铁桌等,根据用途细分出课桌、书桌、办公桌、餐桌(饭桌)等,根据形状细分出方桌(八仙桌)、长条桌、圆桌等。"杯

---

① [美]布龙菲尔德:《语言论》,袁家骅、赵世开、甘世福译,钱晋华校,北京:商务印书馆,1980年,第340页。
② [美]乔治·莱考夫、马克·约翰逊:《我们赖以生存的隐喻》,何文忠译,杭州:浙江大学出版社,2015年,第201—202页。
③ 参见吕叔湘:《语文常谈》,北京:生活·读书·新知三联书店,2008年,第72页。

子"也一样，依据材质、用途及容量等有玻璃杯、纸杯、瓷杯、茶杯、酒杯、烧杯，以及大杯、中杯、小杯等。所有这些名称，并不只是冷冰冰的称说，而是包含有中国人的情怀，比如用八仙桌时，亲朋好友聚在一起其乐融融、温馨惬意的欢快场面就浮现眼前了。

　　一个人的领会能力可能会引起交流误解——领会是交流中最低层次的理解，指的是个人不必把某种材料与其他材料联系起来，也不必弄清其最充分的含义，便知道正在交流的是什么，并能够运用现有材料或观念进行得体交谈。也就是说，理解并不是指逐字逐句对表述进行解读的能力，而是指识别未加说明的假设的能力。如果不具备这种能力，理解便可能产生偏差。比如，在脱离上下文或者具体语境的情况下，汉语句子"我们走吧"可以理解为"我们准备出发"，也可以理解为"算了，我们没有必要留在这里了"。至于"走"时的心理状态和"走"的方式，读者无法知道。但如果说"我们走着去"，而且有一定的语气伴随，那么态度与方式就会是明确的。又比如，在汉语语境里，老师说"我去上课"是去讲课，学生说"我去上课"是去听课；大夫说"我去看病"是给病人看病，病人说"我去看病"是让医生给自己看病。诸如此类的汉语表达，吕叔湘先生在《语文常谈》里以"字义和词义辗转相生"为标题进行了阐释。他举小说《六十年的变迁》里季交恕和方维夏的对话为例——季交恕："你知道这个消息吗？"方维夏："什么消息？"季交恕："蒋介石开刀啦！"方维夏："什么病开刀？"季交恕："你还睡觉！杀人！"[①]读者如果没有阅读这段对话的前文，就不好理解对话，也就不明白方维夏何以会误解季交恕的话了。再比如，吕叔湘先生在分析"不会说话"的语义时指出，"不会说话"的语义是随着指称对象的不同而发生变化的。"他不会说话。"如果"他"是个小小孩儿，这句话的意思是他不会用一般语言表达自己的意思。如果"他"是个大人（不是哑巴），这句话的意思就是他不善于说

[①] 参见吕叔湘：《语文常谈》，北京：生活·读书·新知三联书店，2008年，第65—71页。

话，容易得罪人，那么这句话的宗旨就是指出作为成人的"他"，言语情感迟钝，情商不够。如果不了解这一点，听者就会出现理解偏差。

五、信息接收者的心理障碍

在人类社会，"不仅每个社会阶层的人带有自己特有的说话方式，仔细想来，每个小集团、宗派、家庭也都有各自的语言特点，他们只是在'自己人中间'才那样说话，对外人则是另一种方式"[①]。对不同的人采取不同的表达方式，是情感距离的远近使然。而语言理解与语言反应上的心理差异也是交流中产生误解的原因之一，交流双方心理的影响，特别是接收者在接收信息过程中的主观加工，会导致误解发生。这种误解常常出现在跨语言交流中。

翻译是不同语言之间的桥梁，有直译有意译，最简单的是音译。比如英语中的sofa、coffee、disco、hacker、clone，按照其语音翻译成汉语就是沙发、咖啡、迪斯科、黑客、克隆。然而如将"cool"音译为"酷"，其内涵就消失了。此话怎讲呢？

> 杰克帕尔提到，他曾经问过一位年轻的朋友："你们孩子家为什么用'冷（cool）这个词去表示'热'（hot）的意思？"这位朋友回答说："因为你们老辈人在我们出世之前就把'热'字用完了。"此话不错，"冷"字现在常被用来表示一向用"热"字传达的意思。过去所谓的"热烈"争论，指的是人们深深卷入的争论。相反，所谓"冷静的态度"一向指的是：争辩人抱着超然物外的客观态度和不大关心的无所谓心理。……"因循守旧的"人和"因袭旧规的"情景之所以不"cool"，那是因为在这些人身上和这些情

[①] ［德］汉斯·约阿西姆·施杜里希：《世界语言简史》（第二版），吕叔君、官青译，济南：山东画报出版社，2009年，导言第4页。

景中很少表现出人的官能深深卷入的习惯。①

　　这就是英语"cool"的语义转向的渊源。但当"cool"一词传入中国，我们采用了音译法，选择在语音上与英音相近的汉字"酷"来呈现，这就有意思了。因为汉字不但表音，而且表义，是形、音、义同时呈现的一种文字，与英语纯粹表音不同。因而一般中国人阅读到"他很酷""这身衣服非常酷""剪一个很酷的发型"等等时，是会有疑惑的，因为汉字"酷"在历史上从未有过"帅"的语义，人们无论在听觉上还是视觉上，都会有与母语为英语者听到"cool"时不同的感受。

　　在某些情况下，接收者发挥自己的推理、联想和想象能力，将主观猜测与所听到的信息建立联系，也会引起一些误解。比如，人类在创造语言之前便有了面部表情等体态语言，即语言的辅助语言。有了文字以后，这类辅助语言也是不可或缺的，有时甚至起到了"此时无声胜有声"的效果。使用得好，辅助语言会让人心情愉悦，使交流得以顺利进行，反之，则会引起误解。而这种误解，往往是由信息发送者造成的，是发送者在不自知的情形下帮助接收者发挥常规的推理、联想和主观猜测力而引起的。比如林语堂先生在其《说话的艺术》一书中引用的近代大演说家戴尔·卡耐基所举的例子：

　　　　最近，我在纽约参加过一个宴会，中间有一位少女，她在不久之前得到了一笔巨额的遗产，所以她就花了大量的金钱，把她自己从头到脚装饰得十分富丽。她为什么要这样做呢？无疑的，她是想使宴会中的宾客，每个人对她都有一个好印象。可是，不幸得很，她的衣饰是足够富丽了，但是，她的一副面孔，十分的深沉，好像

---

① ［加］马歇尔·麦克卢汉：《理解媒介：论人的延伸》（增订评注本），何道宽译，南京：译林出版社，2011年，第9页。

第三章　信息发送者与接收者的非对称因素引发的误解

是有着一股凌人的傲气，令人望了无论怎么也不会生出愉快的感情来。这是因为她只知道在自己的服饰上用功夫，而忘掉了女人最要紧的是面部的表情了。[①]

少女的本意是要融入交际群体中，但她"一副面孔，十分的深沉，好像是有着一股凌人的傲气，令人望了无论怎么也不会生出愉快的感情来"，将自己推出了交际圈——少女的面部表情使他人产生了误解。所以，在交际中，误解并不仅仅来自有声语言，"面部的表情，是不能不加以注意的"[②]。

人类在使用语言进行交流时，有一种信息传递被视为"特征信息"，即在交流时能反映出说者的社会地位、性格特征、兴趣偏好、心情状态等方面的信息。听者可以通过观察说者输出信息过程的伴随性元素，把握、理解接收到的信息。例如说者语速很快，可能是他脾气急躁，可能是他不太想进行这一交际，也可能是他盛气凌人、不屑与对方交流等等。如果说者语速适中、语气和缓，则可以理解为说者从情感上是愿意将信息发送给听者的，是愉悦的、有修养的、友好的，等等。

接收者在诠释听到或读到的富有文化情感意味的一段话或一篇文字时，如果仅由字面翻译"轻而易举"地进入一种文化，那么出现误解的概率将会很高。如果接收者能够透过字面深入内里，解读另一民族的语言文本，会有两种情况：一种是接收者具有另一种语言的扎实基础，又能够依据语境进行客观解读，那么信息几乎会百分百传递，这属于积极转移；另一种是接收者具有原语言文本的扎实基础，但是受到情感心理等因素影响，主观评价占了主导地位，出现矛盾的现象。可见，从文化现象和文化心理这两个层面最能分析出语言误解的成因。

---

① 林语堂：《说话的艺术》，西安：陕西师范大学出版社，2009年，第12页。
② 林语堂：《说话的艺术》，西安：陕西师范大学出版社，2009年，第12页。

第三节　信息解码与重新编码途中产生的误解

一、语言解码与重新编码途中信息的遗失或变更

在交流中，语言有一个由接收者解码的过程。接收者接收到的信息是有损耗的，损耗大小则与接收者的诸多情况相关，如接收者的听觉系统是否百分百打开了，传递过来的信息码与其知识语码是否完全对等，是否具备解码所需要的信息，等等。在信息解码过程中还存在一个时间差，这个时间差根据接收者的记忆、需要与理解而定，可长可短，也可能会引发误解。

由传话（俗语"捎话"）引起的误解在释读历史知识方面最为普遍。如中国语音有三次重大变化，先秦两汉时期的语音为上古音，比如《诗经》就应以上古音诵读，而到了中古时期，很多字音已经发生改变，但人们并不知道，因而觉得《诗经》的某些字音奇怪，正如王力先生所说："在古代，除了少数语文学者外，一般人都不知道语音是会发展的，以为先秦古音和后代的语音相同。他们读《诗经》的时候，觉得不和谐，就临时改念另一个音以求和谐，叫做'叶音'。'叶'就是和谐的意思。他们以为古人也是临时改念的。这显然是一种误解。"[①]这就是语音因时间的推移而产生变化，引起后人误读误解的一个例证。文字上类似的误解就更多了。东汉文字学家许慎编写了第一部字典，非常了不起。但是，由于他未见到商代文字，只能凭借小篆和少量"古文"进行字形解析，也就难免对某些字产生误释和误解。如"为"字，他以为是母猴之形。但"为"的

---

① 王力：《汉语史稿》，北京：中华书局，1980年，第60页。

第三章 信息发送者与接收者的非对称因素引发的误解

甲骨文写作𠂏（《合集》15182），很容易看出是一个人牵着一头大象的鼻子，"为"的本义是役使大象。结合亚洲和非洲某些族群役使大象的现实生活，我们能够推测，殷商时期，中国先民也有役使大象的情形。

交流场景已经改变，交流者也发生了变化，由复述者（或许已经是好几代的复述者）转述交流内容，语气、语调、心理均有了变化，所以误解难免。现在，因为互联网迅速发展，人们运用QQ、微信等对话，由于输出信息的速度不同，造成时间差，又缺乏必要的场景和辅助性语言要素，就更容易引起误解。如：

A：你在不在都没关系。
A：只是每天的传递量有限制，这套书的电子版占用空间又较大。
B：好的。谢谢师弟！
A：哈！师姐忒客气了！
B：是呀，我存到一个移动硬盘上了。

在B回复A的第一条信息之前，A已经发出了第二条信息，并且紧跟B的第一条信息回复说："哈！师姐忒客气了！"这时B又承接A的第二条信息发出了"是呀"的回复，这就有了时间差，会让人误以为B是在认可A的"师姐忒客气了"的话。

在语码转换过程中，由于生活经验不同，交流双方就同一词语概念进行表达时，会有不同的逻辑和表现方法，这也会引发误解。这种误解常常出现在持不同语言的交流者中。比如中国人之间说"欢迎有空到家里来玩"，只是一句很普通的客套话，听者也就客气地点个头，或者随口说"嗯""好"，一般不会真把这种"邀请"放在心上。但是说汉语者用汉语对说英语者发出"欢迎到我家玩"的一般性客气邀请时，绝不会预料到被邀请者会立刻询问"去你家玩什么"。听者听到"玩"后，立刻进行了语码转换，转换为英语的"play"，而在英语中"play"后是要带具体内容

111

的，所以他很有兴致地追问"玩什么"。可见，持不同语言者在对语码进行转换的过程中出现困惑乃至误解是语义的不对称造成的。

接收者在收到信息后会重新编码，在这个过程中，如果更改了语言结构，语义或许也会随之变更，即接收者在重新编码途中对接收到的信息进行了主观再加工，可能会对信息产生误解，因为语言的句子结构是与其所表达的功能相联系的。比如有这么一个游戏，也是一个语言传递实验：十几个人站成一横排，一名主持人对排在最前面的人说一句悄悄话，然后，第一个人将悄悄话传给第二个人，这样依次传递下去，最后一个人听到后，将悄悄话大声说出来，结果通常会与主持人告诉第一个人的话完全不同——在一个接一个的接收者重新编码再传递出去的过程中，信息各要素不断被更改，最后已经变得面目全非了。可见，接收者在收到信息后，经过主观再加工理解说者的意思，很容易产生误解。

二、词语语义发生变化

同一种语言中的古语词到了现代社会，其语义的内涵和外延可能会部分发生变化或者全部发生变化。如果说者或听者不具备相应的知识，那么很可能会出现误解。比如现代语言学中的实词、虚词的分类，其实在中国古代（东汉）就有了，王力先生在《汉语史稿》中是这样阐述的：

> 语法在中国的语言研究中是一门新兴的学问，但是我们不能说中国古代学者完全没有语法的概念。18世纪中国语文学者把字分为实字和虚字，这两个术语传到了欧洲，为西洋语言学家所采用。其实虚字的概念在汉代就有了；许慎不叫做虚字，而叫做"词"（王引之的《经传释词》由此得名）。《说文》："乃，曳词之难也"，又："皆，俱词也"，又："矣，语已词也"，等等，都可以证明许慎能把虚词从实词中辨别出来。到了刘淇的《助字辨

略》，王引之的《经传释词》，就更把作为语法成分的虚词从用法上加以全面的研究了。①

我们从王力先生的这段论述中，不但弄清楚了"虚词""实词"乃我国语文学者创制的术语，而且弄明白了"词"的本来意义，知道了"字""词"的语义已经发生了变化。又比如，汉语传承了几千年，在这个过程中，同一事物的命名可能会有所变化，如果不了解这种变化，在阅读或者解说中，极有可能会产生错误理解。如我们常说的"年"在史书中，就还有其他说法。《尔雅·释天》云："载，岁也。夏曰岁，商曰祀，周曰年，唐虞曰载。"可见在不同时代，"年"有不同的称说。比如现在说的"学校"，在夏代曰"校"，在殷商曰"序"，到了周代则称为"庠"，且在夏商周三代还有个共名是"学"。比如现在说的"鞋"，在历史上有怎样的称说变化呢？东汉许慎在《说文解字》中云："履，足所依也。从尸从彳从夂，舟象履形。一曰尸声。凡履之属皆从履。良止切。䩺，古文履，从页从足。"段玉裁的《说文解字注》对此做了进一步解释："（履）足所依也。履依叠韵。古曰屦，今曰履；古曰履，今曰鞵。名之随时不同者也。引伸之训'践'，如'君子所履'是也。又引伸之训'禄'。《诗》'福履绥之'。毛《传》曰：'履，禄也。'又引伸之训'礼'。《序卦传》《诗·长发传》是也。履礼为叠韵。履禄为双声。从尸，服履者也。从彳、夂。夂，楚危切。彳、夂皆行也。从舟，象履形。合四字，会意。良止切。按，良止，误也。当依《篇》《韵》，力几切。十五部。一曰尸声，别一说也。凡履之属皆从履。"履字，甲骨文形体写作 ▨（《合集》35273），字形结构突出了人腿下的 ▨（《合集》33193）字符，即足。金文写作 ▨（五祀卫鼎，《集成》2832）和 ▨（永盂，《集成》10322）。《说文解字》里的"履"字古文实为 ▨ 形。段玉裁《说文解

---

① 王力：《汉语史稿》，北京：中华书局，1980年，第12页。

字注》引晋人蔡谟的话说："今时所谓履者，自汉以前皆名屦。""屦，舃者，一物之别名；履者，足践之通称。"这就说出了"履"字的来源变化。另外，《周礼·天官·屦人》云："屦人掌王及后之服屦。……青句素屦葛屦，辨外内命夫命妇之命屦、功屦、散屦，凡四时之祭祀，以宜服之。"《左传·僖公四年》："若出于陈郑之间，共其资粮扉屦，其可也。"孔颖达疏曰："丝作之曰履，麻作之曰扉，……粗者谓之屦。"这些不同的称说则是根据鞋的材质而区分的。段玉裁总结道："《易》《诗》《三礼》《春秋传》《孟子》皆言屦，不言履。周末诸子、汉人书乃言履。《诗》《易》凡三'履'，皆谓践也。然则'履'本训践，后以为屦名，古今语异耳。许以今释古，故云古之屦即今之履也。"人们在阅读古文时，只有知道了"鞋"的不同称说，才能理解其真实意义。

社会在发展，语言中的各要素，诸如语音、词汇、句法都会随着时代的发展而出现或显著或不显著、或快或慢的变化。有的变化会使后代在与先辈"对话"即阅读他们书写的文字时，出现疑惑或者理解上的偏差。比如，王子今在《秦汉称谓研究》一书中的引言部分，以"苍头"为例，说明了对词语在不同时代的意思进行确切辨析的必要性：

> 以"苍头"为例，宋王楙《野客丛书》卷二三"苍头称将军"条写道："《随笔》云：今人呼'苍头'为'将军'，其事本为彭宠，为奴所缚，谓妻曰：'趣为将军治装！'注：'呼奴为将军，欲其赦己也。'仆谓此说固是，然观《陈胜传》，将军吕臣为苍头军，是则语苍头为将军亦久矣。又卫青为奴，后为大将军。……又按《前汉鲍宣传》'苍头庐儿'，注：汉名'奴'为'苍头'，知此名起于汉矣。观《后汉》注：秦人呼为'黔首'，谓奴为'苍头'者，以别于良人。又知'苍头'之名，自秦已然。又读《战国策》，魏有苍头军二十万。又知'苍头'之名不但秦也，他国亦然。'苍头庐儿'，

解在《鲍宣传》。而颜师古注《萧望之传》谓在《贡禹传》误矣。"可知前代学者理解有所不同，仍有辨析的必要。①

我们阅读古文献时，相当于在和古人以文字进行交流，但是古人书写的某些字，经历几百年甚至几千年的变化，当时的词义已经消失，我们如果用当前的词义去理解，自然会谬以千里。这种例子很多，所以中外都有考据学或者解释学兴起。比如在进行汉语教学时，老师教授"堂"，组词"课堂""殿堂"，有学生问老师"殿堂"是什么意思，为什么有"殿下"而没有"堂下"，这就需要老师从"堂"和"殿"出现的早晚与变化出发来做解释了。许慎在《说文解字》中说："堂，殿也。""堂"与"殿"的意义似乎是相通的。再看段玉裁在《说文解字注》中的解释："殿者，击声也。假借为宫殿字……许以殿释堂者，以今释古也。古曰堂，汉以后曰殿，古上下皆称堂，汉上下皆称殿。至唐以后，人臣无有称殿者矣。"这就是为什么现代汉语里有"殿下"一词，而没有"堂下"之说的原因。段玉裁说"（字）有古形，有今形，有古音，有今音，有古义，有今义"，中外皆然。

不妨再举一例。"绝"与"继"二词，在古籍文献中如何理解？我们来看看王念孙在《读书杂志·荀子第八》"皆继"条下的辨析：

"乡者赐观于大庙之北堂，吾亦未辍，还复瞻被九盖皆继，被有说邪？匠过绝邪"。杨注曰："九，当为北。被，皆当为彼。盖音盍，户扇也。与'阖'同。皆继，谓其材木断绝，相接继也。子贡问：'北盍皆继续，彼有说邪？匠过误而遂绝之邪？'《家语》《三恕篇》作'北盖皆断'，王肃云：'观北面之盖，皆断绝也。'"念孙案："继"与"辍""说""绝"韵不相

---

① 王子今：《秦汉称谓研究》，北京：中国社会科学出版社，2014年，第3页。

协,"继"当为"𢇍"字之误也。《说文》"𢇍,古文绝",正与"辍""说""绝"为韵。"𢇍"为古文"绝",而此文以"𢇍""绝"并用者,古人之文不嫌于复。……今本"𢇍"作"继",则既失其韵,而又失其义矣。杨云"皆继,谓材木断绝,相接继",非也。接继与断绝正相反,下文云"匠过绝邪",则此文之不作"继"甚明。《家语》作"北盖皆断",断,亦绝也。①

如果不这样进行辨析,或许有不少读者会在误解中带着疑惑与古人交流了。

操同一种语言的今人与古人隔着时空交流时都容易出现误解误读,而如果今人与古人是异语言异文化交流,那么错解错读就会更多,且其在信息传播承继方面的危害也更不容易察觉。比如,史景迁《前朝梦忆:张岱的浮华与苍凉》对张岱文章的误读误释比比皆是,②如将张岱的"非颊上三毫,则睛中一画"解释为"若不在脸上加上三根好毛,则在眼睛上轻轻一点,就够了（If not three fine hairs on a cheek then one light dot on the eye would suffice.）"。汉语词"仕女"又作"士女",虽为古语,但由于中国"仕女图"的影响,这一词语也并不陌生难懂,但是史景迁将张岱的"士女凭栏轰笑,声光凌乱,耳目不能自主"中的"士女"误解作"年轻男女（young men and women）"。其著作中其他误读误释的,还有诸如将"其俗,凡读书学道者不娶"释为"按照他们的习俗,凡读书人皆不娶（According to their custom, all those engaged in academic pursuits never marry.）",这样的解释,想必会让读者心中疑惑:古代中国的知识分子都不能结婚?这是多么严重的误解!海德格尔解释奥古斯丁的"解释学"时

---

① 〔清〕王念孙:《读书杂志》第四册,徐炜君等点校,上海:上海古籍出版社,2014年,第1924—1925页。
② 后文所引史景迁误读误解的事例来自汪荣祖:《阅读的回响——汪荣祖书评选集》,上海:文汇出版社,2017年,第3—8页。

说："一个人要解释《圣经》的疑难，必须做好如下准备：他需要敬畏上帝，在《圣经》中坚持不懈地探求上帝的意旨；他需要虔诚的温顺，以免沉溺于无休止的争辩；他需要具备语言知识，以免受到不理解的词语和表达的妨碍；他也得准备熟悉某些自然物和事件，以免当它们用于比喻时，不知其力量，他还得有《圣经》中的真理的支持。"[1]在不同语言的交流中，同样需要具备海德格尔所言解释《圣经》所需具备的要素。如果不这样，就可能出现严重的误解。比如作家爱默生，他就固执地认为古老的中国虽然拥有自己的文明，但是已经变成一个自满自足、停滞不前、愚顽不化、腐败无能的综合物，深陷于历史的迷宫中。[2]他没有直接阅读中国的文献资料，也从未踏上中国这片土地，宁可相信16—18世纪欧洲传教士的插图或者只语片言，也不相信马可·波罗等人作品中相对真实的描述，就自以为是地解读，显然是不可取的。19世纪的俄罗斯汉学家比丘林就愤怒地指出那些歪曲中国现实的人总爱用"相当阴暗的色调"来描写中国人的宗教和道德状况。[3]这种误解信息使得原信息变形，会误导听者（读者）。事实证明，任何一种语言都不能反映大自然中的一切，善于学习的人类，在族群之间的接触中，会自然而然地在语言方面有所借鉴。美国语言学家爱德华·萨丕尔曾说："语言，像文化一样，很少是自给自足的。交际的需要使说一种语言的人和说邻近语言的或文化上占优势的语言的人发生直接或间接的接触。"[4]要了解一个民族、一个国家，就必须深入而全面地了解它的历史。

时间的变化会导致语言的变化，说者发出信息时的角度、强度、范

---

[1] ［德］海德格尔：《海德格尔文集·存在论（实际性的解释学）》，何卫平译，北京：商务印书馆，2016年，第15—16页。
[2] 参见冒键：《妖魔化的镜像——19世纪美国作家对中国的误读》，见阎纯德主编：《汉学研究》第四集，北京：中华书局，2000年，第46—55页。
[3] 理然：《帝俄时期：从汉学研究到中国文学研究》，见阎纯德主编：《汉学研究》第四集，北京：中华书局，2000年，第85页。
[4] ［美］爱德华·萨丕尔：《语言论——言语研究导论》，陆卓元译，北京：商务印书馆，1985年，第173页。

围、适用对象等的变化，一定程度上也会导致词义和语义发生变化。有时，语义事实在缺失的状态下容易引起接收者的误解，而语言表达方式与规范性维度不统一，也会引起误解。因为我们使用的语言，"可以看作是一座古城：由狭小的街道与广场、新旧房屋、不同时期添修的房屋构成一个迷宫；而这一迷宫为有着整齐街道与统一房屋的新建市镇所包围"①，人们若不熟悉其"布局"，可能会迷失方向，陷入"迷宫"而无力解困。

三、辅助语言表达意义的区别

谈话一方的面部表情或体态语不是另一方所熟知的，或者正好是另一方所知意义的反向表达，也会造成误解甚至是严重的问题。比如，初到尼泊尔任教的汉语老师，在课堂上告诉学生要认真完成作业，不要在课堂上打闹，学生们一律摇头。老师将学习纪律重申一遍，学生们又是瞪大眼睛直摇头。老师只好无奈地也摇摇头，心想："这些孩子怎么这样啊！"可是接下来的实际情况是：学生们很听老师的话，上课认真听讲，积极参与课堂活动，按时完成作业。老师有些疑惑，感觉自己将学生的意思理解错了，便向有经验的老师请教。这才明白，在尼泊尔，摇头、点头这一组体态语所表达的意义正好与中国相反。"点头不算摇头算"，不只出现在尼泊尔，在保加利亚的大部分地区也是如此。又比如，以手势示意某人走向自己时，中国人的方式是手心向下，手腕带动手掌上下摇晃，绝对不可以用手心向上，食指回勾的方式叫人，会被视为对对方的蔑视、不尊重。再比如，在交际活动中，尤其是正式交际场合，将一条腿翘在另一条腿上晃动摇摆是极其不礼貌的行为，会被视为没有修养、轻视对方。

人类辅助有声语言的各种体态语言是文化习俗长期积淀的呈现，具有民族特色，不了解的话，在交流中会引起误解。但由于早期人类的语言活

---

① 转引自苏德超：《哲学、语言与生活——论维特根斯坦的语言哲学》，长沙：湖南教育出版社，2010年，第43页。

动包含大量生动、形象的非语言因素（即除语言外的其他沟通方式），如手势、动作、表情、姿势、语气腔调、眼神、实物道具等，而这些"特殊语言"往往是人类共有的、相通的，因而能跨越语言交流中的多个环节而迅速、直接抵达"接收终端"。人们借助动觉和视觉分析器，并结合语言和听觉分析器，常能更准确全面地传递与领受自己与对方的真实用意。因此，我们在汉语教学和语言交流中，应重视恰当地和尽可能多地使用体态语言这一有效的辅助工具，以减少误解的发生。

第四章 语言信息载体性误解

人类的语言交流，最初是依靠说话即言语进行的。这种方式虽然快捷有效，却会受到时间和空间的限制，所以人类的某些族群，如中国先民、北非尼罗河流域的古埃及人在刻画符号、结绳为记号等辅助形式下，创制了文字，使有声语言书面化，突破了时空和地域的束缚。正如陈原所论述的："人类表达思想，传达感情，交换信息的交际工具——语言，虽然在社会生活中是最重要的，但是分音节的有声语言，往往受到空间和时间的限制。为打破时空的限制，人们发展了书面语——即文字。文字是用来记录言语的符号。在留声机和录音机发明以前，能使人的讲话传到远方去和不受限制传到若干年后，就靠着文字。言语和文字常常合起来通称为语言。有声语言的书面化就是文字。"[1]文字能够将说的话再现，这延伸了人类的交际距离，扩展了人类的交际范围。

第一节 语音差异引发的误解

人类的发音器官没有大的差别，但是发出的声音在音高、音长、音强

---

[1] 陈原：《社会语言学》，北京：商务印书馆，2000年，第38页。

等物理属性方面还是有不同的。语言由语音、词汇、语法三项有机组合而成，三者在被视为研究对象时，是分开来讲的，但其实它们为一体三面，总是交织在一起。王力先生在谈到语言研究史时说："在语言的构成部分中，语音、词汇和语法是有机地互相联系着的一个不可分割的整体。平常我们把这三方面分开来研究或分开来叙述，那只是程序问题，并不意味着这三方面是截然分开的。语音是有声语言的词汇的体现者，词汇是语言的建筑材料，语法是这些材料的组织者。"[①]在人类交流过程中，首先引起注意的是语音，所以误解也首先产生在语音部分。比如，《红楼梦》"这鸭头不是那丫头，头上哪来桂花油？"只闻其音不见其字时，人们就要追问说者到底说的什么。任何语言都避免不了发音相同或者近似但是表达的意义即概念不同的语言现象。德国语言学家汉斯·约阿西姆·施杜里希在《世界语言简史》中谈到汉字的多义性时指出：

其结果就是，汉字的大部分音节都有一个以上的意义，或者说有很多意义，有些音节甚至会有一百多种不同的意义。这尤其对于人们的口语沟通造成了很大的困难！

发音相同，但意义不同的词在所有的语言中都有。比如，德语中的Wal（鲸鱼）和Wahl（选举）发音完全一样，英语中waste（浪费）和waist（腰身）发音相同。同音词在法语中也特别多，许多双关语就是利用了这种同音词的特点（或者说缺点）。

我们该如何避免这种同音词可能造成的误会呢？在许多情况下，人们都是通过词与词的关系，通过上下文来避免误解的。比如德语中的Bundestagswahl（联邦议会选举），ein Wal（一头鲸鱼），倘若上下文和语言环境仍然不能避免误解，那么就可以采用一种解释性的附加成分，如德语中das Meerssaeugetier Wal（海洋

---

① 王力：《汉语史稿》，北京：中华书局，1980年，第15—16页。

哺乳动物鲸)。当上下文和语言环境不能避免误解时，中国人也是采用这种方式。

在书面表达中，人们当然不会混淆Wal和Wahl的意义，因为（除了语法性不同之处）它们的书写方式不同。汉语也是如此，一个音节可能有的多种意义，都是通过各不相同的字形来表示的。①

可见，汉语语音的多义现象并非独有。而中国先民解决这一问题的智慧之处是显示语音对应的文字形体。至于随后产生的一字多义问题，也在具体语境中迎刃而解了，并不需要过多的解释性话语。只有脱离了相应语境或者取消了上下文的连贯性时，一字多义才可能使人产生误解。而汉斯·约阿西姆·施杜里希对汉字在新技术时代如何以打字机打出来、如何进行电子数据处理的担忧也已经被实践证明是杞人忧天了。

在同一语言发展中，语音、词汇、语法是会随着社会的发展而变化的。比如，汉语给人的印象是不能像西方语言那样看见字就读出来，这其实也是一种认知上的误解形成的印象。汉语语音在历史上有三次大的变化，某些字在造字初期，的确是见字不但能知道其意义，也是能直接读的。但是随着时间的推移，一些字字形未有改变而读音发生了变化。如"江"，从"工"得声，《说文解字》"江"字下云："从水，工声。""杠"也是从"工"得声，《说文解字》"杠"字下云："从木，工声。""红"也是从"工"得声，《说文解字》"红"字下云："从糸，工声。"再比如"移"字，从"多"得声，《说文解字》"移"字下曰："从禾，多声。""路"字从"各"得声，《说文解字》"路"字下曰："从足，从各。"《说文解字注》亦曰："从足，各声。"如果用现在的读音来衡量，这些形声字表声的部分实在无法帮助到读者。由古

---

① ［德］汉斯·约阿西姆·施杜里希：《世界语言简史》（第二版），吕叔君、官青译，济南：山东画报出版社，2009年，第220页。

至今，汉字的读音在声母、韵母和声调方面都有变化，如果不了解这一变化，就会出现认识上的偏差。有些人在朗读《诗经》时，感觉不押韵，便改念另一个音，使其与整首诗和谐。这其实是不明白语音在社会发展中是变化的，是对汉语语音演变的一种误解。而操不同语言的人在交流时，更会由于不清楚各自的语音发展变化而产生误解了。

异质语言中有语音近似、意义完全不同的语言现象，如果将一种语言的某一语音与另一种语言中语音近似的词联系在一起，就可能引起误解。比如在汉语课堂上，老师给学生介绍三国时期的历史人物诸葛亮，告诉学生，在中国，诸葛亮是"智慧"的代名词。一个土耳其学生便对一个他认为相当聪明的韩国学生说："你是诸葛亮。"其他韩国学生哄堂大笑。原来，汉语语音"zhūgěliàng"与韩语"你要死吗？"发音相近，土耳其学生的赞美在韩国学生听来，便成了莫名的诅咒。所以萨丕尔认为，听觉对语言的交际功能来说最为重要：

> 语言主要地是一个听觉符号系统。因为它是说出来的，它也是一个运动系统。但是语言的运动方面显然比听觉方面次要。在正常的人，语言的冲动首先发生在听觉印象的范围，然后再传送到控制发音器官的运动神经。运动过程和相伴的运动感觉可也不是终点。它们只是一种手段、一种制约，引起说话的人和听话的人的听觉。说话的目的是交际，只有当听者的听觉翻译成适当的和预期的一串印象或思维，或二者兼有，交际才算成功。所以就语言作为纯粹的外表工具来说，它的循环起始于并且终结于声音的领域。起始的听觉印象和终了的听觉知觉互相对应了，这个过程才得到社会的印证，算是成功了。①

---

① ［美］爱德华·萨丕尔：《语言论——言语研究导论》，陆卓元译，北京：商务印书馆，1985年，第16页。

在中国，各地方言在语音上的差别很大，但是都可以用同一种文字记录，这是秦始皇"书同文"的功劳。然而在用汉字写出某一方言所言之物后，不加以解释也是可能引起误解的。比如，吕叔湘先生讲："鲁迅的小说《社戏》里写阿发、双喜他们偷吃田里的罗汉豆，这罗汉豆是绍兴方言，别处叫蚕豆，绍兴话里也有蚕豆，可那是别处的豌豆。"①这与前面所说北方的木瓜非热带水果木瓜一样。再比如，某些方言里把"鞋"说成"hái"，"我的鞋（hái）子掉到河里了"，其他区域的人听后可能会误解为"孩子"。还有，陕西某些地方的人说"眉县人"时，听起来像"你先人"，这搞不好会引发矛盾。我们在自由市场进行买卖时，在听到"四块""十块""是四块""是十块""四十四块"时，为了确认钱数，最好伸出手指进行辅助表达，以免发生经济纠纷。

　　生理因素对语音的干扰有时也会引发误解。比如，在交际中，说者发出一个声音或是一串音节，不同的听者可能有不同的理解，在不了解说者所传递信息的背景的情况下，有人可能就认为他发的是无意义的咕哝，有人就会认为他意有所指，是一种观念的表达，也有人会认为他在说一种自己听不懂的语言。再比如，在有的地方，人们可能发不出某些音，或者分不清某些音，比如"n"和"l"，"s"和"sh"，说"寺庙"听起来是"石庙"，说"四块钱"如同"十块钱"。有一次，一位中国研究生告诉我，她舍友是"荷兰人"。我笑着说："是河南人吧，是个中国人！"她连忙点头说："对，对，对！"此外，在有的地方，同一个字的单音和叠音代表的意思大不相同，听者若以对一般叠字的理解方式去听，误解或许就出现了。比如在中国陕西某些地区，孩子将父亲称为"Dá"，是单音节，而双音节"DáDa"则是指自己父亲的弟弟，即叔叔。这种表达方式在很多地方都没有，因而很容易让听者感到迷惑。

　　人们的语言交流，首先是借助声音即语音进行，但也不是一定要依靠

---

① 吕叔湘：《语文常谈》，北京：生活·读书·新知三联书店，2008年，第100—101页。

语音。在交流时，也不是双方的语音一致就畅通无阻了。即使是在同一种语言环境中，说者发出的语音如果含混不清，也会影响交流的效果。在不同语言之间，从听觉而言，不仔细分辨，可能会有以为对方发出的是己方的语音的情况，这时候，如果在理解上也顺着己方的语音去分辨对方的语义，就可能南辕北辙，顺着偏道越跑越远，使误解越来越深。在一些交流中，人们的心理背景也会引发误解。例如有些人对某些词语特别敏感，如情绪波动大的人在听到"精神病"时，常会联想自身，进而怀疑说者是故意说之。又比如，汉语口语中的"那（个）"，说得快一些或者轻一些，听上去是"内（个）"。无论是"那个"还是"内个"，说英语的群体听到的就是"nigger"。有的人说话，尤其是临时发言时，由于准备不充分或者紧张，就会说出一连串的"那个那个那个（内个内个内个）"来。如果将汉语发出的"那（内）个（that）"认定为英语的"nigger"，这就很麻烦了，误会就太深了，听者会以为说者有民族歧视思想。可见，交流应该在双方拥有多项文化认知和包容平和心态的前提下进行。

人类在运用语言交际时，总会带上自己母语的特色，但应该仔细思考："在何种程度上总是戴着我们母语的'有色眼镜'来观察世界和周围的环境，这是否会让我们陷入固定的思维模式而摒弃其他，是否会强加给我们一种特定的世界观？"[1]有的交流者在听错语音后往往不自知，比如网上有一个很有趣的视频，是一个中国大妈在新西兰玩蹦极。工作人员帮她系好安全绳后大声说："Jump，Jump，Jump！"大妈大声应和道："加油！加油！加油！"但是她却站在原地不动。工作人员又用更大声音对她喊："Jump！Jump！Jump！"大妈看了看他，笑着大声喊道："啊，啊，啊，加油！加油！加油！"依然站在原地一动不动。这时一位工作人员一边以手示意一边大喊："Go，Go，Jump！"大妈这才明白过

---

[1] ［德］汉斯·约阿西姆·施杜里希：《世界语言简史》（第二版），吕叔君、官青译，济南：山东画报出版社，2009年，第240页。

来，说："啊，跳，跳，跳。"中国大妈当时可能是由于紧张和兴奋，将英语"jump"听成汉语"加油"了，所以才会回应以"加油"。这种语音接近的现象时有发生，所以，我们看到电影中中国军人在说到数字时是说"dòng（0）""yāo（1）""liǎng（2）""guǎi（7）"等等。因为中国方言很多，普通话前鼻音和后鼻音的语音分别也不够，像数字"0"和"6"的语音就很容易让人混淆，而在军事上，交流中的每一个字音都必须清楚无误，不能有半点含糊和差错，于是为了避免语音上的误解，便有了这种独特的数字语音。

有的语言，语音的强弱能起到表达语义的效果。汉语语音就有这样的作用：发音的强弱、轻重变化及语气重点的转移、变调等（以重读和声调为区别意义的方式）都会带来表义的不同。比如"把《人民文学》真正办成人民文学"一句，说的时候如果不注意语气重点，很可能会让人错解语义。汉语学习者在遇到变调时，大多感觉较为困难，比如"很美好"，因为三声字连说时要变调就必须下功夫练习。如果再遇到说者将情感融入话中，有升调或降调，就更不容易把握了，因为语句的升调或降调所表达的意思可能完全不同。汉语疑问句有时不一定有疑问词，尤其是在日常口语会话时，可能用升调就能表达疑问的意思。比如"吃"这一个字，疑问用升调："吃？"叙述用平调："吃。"带有感情色彩时用降调，表示加重语气："吃！"再比如"今天天气好"这一句话，说者用了降调，表肯定；输出的是升调，则表疑问。据心理学研究，说话时的声音变调、停顿、差错，都可以看作是在声音上做假的征兆。人在感到哀伤或忧虑的时候，声调会降低，说话比较慢、比较柔和；而在恼怒或恐惧时，声音则较高，说话较快，表现出异常状态。这种情绪造成的声调变化，是不易掩饰的。[①]

语言中的词语一般有轻重音的区别。赵元任、沈家煊在谈到汉语构

[①] 参见成一丰：《假象·谬误·识辨》，西安：陕西人民出版社，1993年，第267页。

词时举例说："吃饭""看报"等重音在第二个音节上，组成动宾结构；"煎饼""劈柴"等重音在第一个音节上，是定中结构。听者接收信息时，一般不会产生歧义。但是，"烙饼""炒饭"等在语法上是两可的，可以是动宾结构，也可以是定中结构，这时如果离开了前言后语——特定语境，则容易产生歧义。说者的意思是做烙饼，听者或许会理解为已做好的面食烙饼。可见，语调具有传情达意的功能，因而也就有引起交流误解的可能性。

在日常生活中，不乏因语音相谐而产生误解的笑话。如有一则笑话说一个外地人到古都西安旅游，听说西安除了牛羊肉泡馍外，其他面食也很有特色，便到一家面馆要了一碗"蘸水面"。当服务员将一大碗面和一大碗汤端上桌时，这位游客不知道该先吃面再喝汤还是先喝汤再吃面，踌躇地看着面和汤。服务员看出客人不知如何吃起，便热情地告诉客人："您蘸着吃。"客人应道："噢！站着吃。"便站了起来，心里想，怪不得面条又长又宽，吃碗面真不容易。客人好不容易将面条送到嘴边，突然又听到有人说："你坐哈（下）吃，站着咋吃哩！"同时，一只手轻轻拍他的肩头，示意他坐下。客人只好拿着筷子夹着面条坐下。这时服务员又说："你蘸着吃。"客人又站了起来。这样来回了好几次，最后才以服务员帮助客人将面条夹入汤碗告终。还有一则笑话，是对话双方话说两岔，所指意义不在一个层面引起的：

夏天，人们都喜欢乘坐有空调的公交车。一日，汽车靠站，停稳了，车门打开，一位大妈笑盈盈地上车，把早已准备好的一元硬币放进车门跟前的收币箱后，就准备往车厢后面走去。这时，司机师傅说："两块。"大妈回答说："嗯，凉快。"司机提高嗓门说："空调车，两块！"大妈回答："是，空调车凉快。"大妈在晃悠的车厢里移动了一步，还要继续移步，司机又大声喊道："投两块！"大妈笑着说："不光头凉快，整个身子都凉快了。"司机边开车边再次提高嗓门说:"我说钱投两块!"大妈说:"谢谢你!后头人更少,我去后头会更凉快。"

　　这两则笑话,展现了日常生活中因语音偏差引起的误会,即俗话说的"听岔了"。吕叔湘先生说"只有人类有真正的语言",就是因为"人类语言的特点就在于能用变化无穷的语音,表达变化无穷的意义"。①

　　汉语特有的同音不同义和一字多音现象也会导致误解。比如一位母亲给孩子喝水,在递水杯时对孩子说"抓住把把",可能会让孩子以为要"抓住爸爸"。姓张(章)者,为了避免听者出现理解偏差,大多会在说出"我姓zhāng"之后,补充"弓长张"或者"立早章"。所以父母给孩子起名字时,也应尽量避开多音字。比如碰到名字里有"乐"字的人,说者为了避免尴尬,往往需要询问是"快乐"的"乐"还是"音乐"的"乐"。此外,有的字读音相同,意思却完全不同,如果离开了语境或者上下文,就可能出现理解偏差。比如"治病"与"致病",前者意为"治疗疾病",后者意为"导致生病"。又如"我家老头儿",可能是妻子在说自己的丈夫,也可能是一名年轻人在说自己的父亲。

　　我们在语言交流中,大都是边想边说,只要有了说话意图和交流话题的基本框架,就开启了说话程序,因而常会出现言语失误(即口误)或前后不连贯的现象,这也可能引发误解。因为一般来说,说谎者会结结巴巴、支支吾吾、含糊其词、语句不连贯,出现修正词语和改变句式频率较高的现象。所以,当一个极度紧张的人闪烁其词又结结巴巴地叙说真实情况时,也可能被听者误以为他在说谎。

　　人们在生活中交谈,一般遵循语言使用的节俭原则,很少考虑语法理论上的完整。按照语言学术语来说,就是人们常常使用缩略语或者临时搭配的词语,但这样一来,就会使不具备必要知识的一方产生误解,如"他

---

① 吕叔湘:《吕叔湘全集》第六卷,沈阳:辽宁教育出版社,2002年,第180页。

上吊（调）了""请问五四三办公室在哪里"等。又比如，在现代汉语中，动词有重叠形式，即AA式，如看看、说说、写写、听听、尝尝、跳跳等，一般是表示短时间的动作状态，语气、情感是轻微的。但是，在日常口语中，配合着语境，也会有貌似动词重叠的表达。听者要注意其语气上的停顿，如果忽略了，就会产生误解。如以下句子：

1. 周末，他在家看看书、听听音乐、打扫打扫卫生。
2. 周末，他在家看，看！听，听！绝不会打扫打扫卫生。
3. 你们去去就来。
4. 你们，去！去！
5. 有时间跳跳舞唱唱歌很不错。
6. 楼上的人，别没事了就跳！跳！唱！唱！吵死人了。

句2、句4和句6仅仅是动词的反复，是一种强调，与句1、句3、句5里的动词重叠完全不同，情感意义有别，语音语气语调也都不同。这种借助词语连续表达不满情绪、强调自己意愿的用法在成书于五代时期的《祖堂集》中已经出现，可见是一种常用的表达方式。

一般来说，在第二语言学习中，学习者接触到的例句一定是完整的语句，即一定是符合学术规范要求和程序的语句。然而，每个人在实际交往中所听到的言语（口语）不可能皆是完整的合乎语法规范的语句，按照修辞学来讲，可能是经过句义挤压后产出的语句[1]。如果听者（读者）和说者（写者）的切入点或出发点不同，或者有认知上的差别，或者在生活经历与经验方面存在不同，或者时空上有差异等等，就可能对这些经过主观、客观因素挤压后的句子产生误解。比如，几个朋友聚在一起聊天，A对B说："你嫁了几个？"C不了解A有多个女儿，就会感觉A的问话很奇怪，

---

[1] 参见陈建民：《说话的艺术》（增订本），北京：语文出版社，1994年，第148—149页。

或者会将A的问话理解为在问B的个人婚史。再比如,有学生迟到了,老师看了看手表,对他说:"几点了?"他回答道:"九点了。"但其实老师是在对迟到者表示不满,并不是要学生告诉自己确切的时间。这些误解在现实生活中都不难看到。

第二节　语义错解引发的误解

　　语言中的词汇意义最复杂,因为词语在不同语境中会有不同的意义,因而王力先生说:"词是极端复杂的一种语言现象,它是意义、声音和形态结构的整体。"[①]我们有时由于只知其一不知其二,造成语义上的泛用,就会产生交流过程中的尴尬,引人发笑。比如,一个热爱中国文化的外国人来北京游玩。他的中国朋友去他下榻的宾馆看望他,告别时,他依依不舍地将朋友送至宾馆大门,挥着手用汉语说:"留步,留步。"朋友反应了一会,才明白他搞错了"留步"的用法,这才抿嘴一笑,挥手再见。这位外国人熟悉中国文化,汉语流利,但即便这样,也难免出现问题,这就是吕叔湘先生说"语言的地面上是坎坷不平的"的原因,人们稍不注意就会"崴了脚",影响交流的前行步伐。所以他温馨提醒人们:"过往行人,小心在意!"[②]

　　词句的语义对准确传递语言信息和接收语言信息至关重要。中国在汉代就出现了对语言语义的专门研究,因为汉代崇尚儒术,人们以解读儒家经典为荣,各家解说在社会上引起争鸣。但是问题来了,儒家经典的语义本真是什么,人们应该以哪家的解说为标准呢?于是,以解字说句为本的语义方面的专著出现了,即大家较为熟知的《尔雅》《方言》《说文解字》《释名》。写这些著作的学者认为,应该先正字词本义,再解读儒家

[①] 王力:《汉语史稿》,北京:中华书局,1980年,第16页。
[②] 吕叔湘:《吕叔湘自选集》,上海:上海教育出版社,2019年,第450页。

经典，以便从根本上解决不知何种解读正确的问题。这四部著作中，以东汉许慎的《说文解字》成果最丰。《说文解字》中的540个部首字下统领的9353个字，以当初的造字理据为根据，释读汉字本义，正本清源，成为解说儒家经典语义的依据。这种尊重语言历史发展规律的研究方式，值得我们学习借鉴。

语言交流中有一种语言转移现象，即语义从一种语言转移到另一种语言中。但在不同语种或者不同方言里，词句的语义可能存在差别，比如"托儿"是北京话，陕西某些地方说"诱子"。又比如，瑞士新教神学家奥特说："人们过去有时采用'上帝学'或'上帝学问'这类表达。今天还有谁敢采用这些要求过高的名称？它们确实可能引起误解，仿佛上帝是一个与其他学科课题一样的课题；仿佛有一门关于上帝的科学和学问，就像关于其他什么研究对象的科学和学问。"[①]可见，许多误解正是因名称而起的，因为一个名称可能有多种语义并存，也可能有多种名称表达同一个语义。因此，语言转移必须是双方约定好的，否则就可能出现理解上的偏差。

中国方言众多，不同地域的人们在交流时，一般会将注意力放在语音差别上。的确，方言最明显的区别是在语音方面，但实际上，其他方面如句式也存在不同。吕叔湘先生在《语文常谈》里举例说："两个朋友在公园里碰见了，这一位说：'明儿星期天，请你到我们家坐坐。'那一位说：'我一定去。'这一位听了很诧异，说：'怎么，你倒是来不来呀？'他诧异是因为按照他的方言，他的朋友应该说'我一定来'。"[②]这是方言用语习惯不同引起的误解。

现在，大众对这种居住在不同区域的人讲不同语言的现象已经见怪不怪，但在几个世纪以前，人们其实对此还很无知。就如同德国语言学家汉

---

① [瑞士]H.奥特：《不可言说的言说：我们时代的上帝问题》，林克、赵勇译，北京：生活·读书·新知三联书店，1994年，第7页。
② 吕叔湘：《语文常谈》，北京：生活·读书·新知三联书店，2008年，第101页。

斯·约阿西姆·施杜里希在《世界语言简史》中所言："在古希腊,或许就曾经有人思考过不同语言之间的相似性和差异性,但是对此我们掌握的确切资料并不多,其主要原因在于,古希腊人——他们已经有了自己的语言学家,特别是在后期——只把自己的语言看作高贵语言,而把其他的在他们看来说着怪腔怪调的语言的民族蔑称为'野蛮人'。"①古时的人们由于无知,不明白语音、语调、文字符号、句子结构都是有差异的,而以自己的语言模式去解读别人的语言,在交往中自然误解频生。

汉语在几千年的变化发展中,不但字的形体有很大变化,如甲骨文、金文、大篆、隶书、楷书等,其语音和指称的意义也有变化,因而阅读不同时代的文献要小心谨慎,不可以望文生义,以今音读之,以今义释之,否则,闹出笑话事小,误解原义事大。比如"先生"一词,可以指男性,可以指丈夫,也可以指老师。但是在现代语言中,"先生"一词大多只表达两种意义:一是对丈夫的称呼,一是对成年男性的正式社会称谓。其指称"老师"的语义几乎已经消亡。所以,在汉语教学中,汉语学习者学习"先生"时,对其"丈夫"和对男性的社会称谓义项容易掌握,但是对"先生"含有对某一领域里特别有成就且德高望重者的尊称的义项却不易理解。

汉语里的一词多义现象,也容易使人产生交际误解。使用者若只知其一不知其二,就极易出现理解问题。比如,一位汉语学习者学习了"哪里"的疑问句形式,知道当听到即接收到"哪里"的语音,便是对方发出了询问,要对此询问做出清晰回答。如当听到"你住在哪里",得告诉对方自己居所的地址;当对方发出"你去哪里"的问询,应该回答自己要去的地方;在对方发出"你在哪里学习汉语"的问话时,要反馈自己学习汉语的地点。然而,当他受中国朋友之约,与朋友夫妇见面,礼貌性地夸

---

① [德]汉斯·约阿西姆·施杜里希:《世界语言简史》(第二版),吕叔君、官青译,济南:山东画报出版社,2009年,第32页。

奖朋友妻子"您很漂亮"时,朋友妻子莞尔一笑,谦虚地说:"哪里!哪里!"这位汉语学习者赶快回答:"眼睛。"不承想,朋友妻子依然说:"哪里!哪里!"他又忙不迭地说:"鼻子。"最后,他干脆说"都漂亮"。类似的交际误解实例还有很多。这是汉语古今义变化和一词多义在跨文化交际中引起的误解现象。有时,即使是在汉语内部交流中,由于历史演变、词义变化,人们也会出现理解上的偏差,所以自春秋以来就形成了一门研究词语解说的学问——训诂学。高明先生在其《高明论著选集》"自序"中说:"文字是辅助语言的社会交际工具,它可以把当时的语言记录下来传给生活在不同空间和不同时间的人们。"[1]文字的最大功能就是给人们足够的时间进行考证、思考,直至真正抵达理解的境界。但是,文字的形和音会在不同空间和不同时间发生改变,字形表达的意义更是会发生变化,或许就会被"现有使用者"误解。洛克说:"搅扰人类的大部分问题和争论,既然都起于含糊不定的文字用法,或文字所代表的那些不确定的观念。"[2]洛克认为,人类知识由感觉而来,这在一定范围、群体中是正确的。但就全人类来说,"感觉"会因地域、时空不同而有区别。对自然界同一物体,生活在不同环境的人的感觉可能会完全不一样,所建立起的知识结构也就有了区别。而当人们相遇、交流时,又往往是以自己的知识体系在进行对话,于是误解随之产生了。

  人类语言无法避免同音词的存在,人们在使用中又充分利用了这一特点,吕叔湘先生便对汉语同音词的功能做了分析,他说:"汉语里同音字特别多,编民歌、说笑话、说俏皮话的人充分利用了这一特点。"[3]而这也正是汉语学习者学习时的难点。吕叔湘先生在其《语文常谈》里便列出了六个汉字的谐音情况:

---

[1] 高明:《高明论著选集》,北京:科学出版社,2001年,自序。
[2] [英]洛克:《人类理解论》,关文运译,北京:商务印书馆,1983年,第18页。
[3] 吕叔湘:《语文常谈》,北京:生活·读书·新知三联书店,2008年,第42页。

（1）六朝的《子夜歌》等民歌就已经有这种"谐音"的例子："执手与欢别，合会在何时？明灯照空局，悠然未有棋（期）。""我念欢的的，子行由豫情。雾露隐芙蓉，见莲（怜）不分明。""奈何许！石阙生口中，衔碑（悲）不得语。"（2）谜语里谐音的例子："穷汉不肯卖铺盖——刘备（留被）。"（3）歇后语里的例子："灯草拐杖——做不得拄（主）。""旗杆上绑鸡毛——好大的掸（胆）子。"（4）笑话里的例子：唐朝优人李可及，有一天有人问他释迦牟尼佛是什么人，他说是女人。问的人说：这是怎么回事？他说：《金刚经》里有一句"敷坐而坐"，佛要不是女人，为什么要夫坐而后儿坐呢？（唐朝妇女常自称为"儿"。）（5）对话里的例子：京剧《卖马》里秦琼对店主说要卖铜[jiǎn]，店主说："不洗衣裳要碱做什么？"老舍的《断魂枪》里的沙子龙，遇到徒弟们为打架或献技去讨教一个招数的时候，有时说句笑话马虎过去："教什么？拿开水浇吧！"（6）绘画里也常常有谐音现象，例如：画两条鱼表示"吉庆有余"，画两个喜鹊立在梅树枝头，表示"喜上眉梢"，画五个蝙蝠表示"五福临门"，画三只羊表示"三阳开泰"，等等。

在汉语教学中，教授"棋/期""莲/怜""碑/悲""刘备/留被""拄/主""掸/胆"的谐音语义是要花一些时间的。比如要告诉学习者"刘备"是谁，而"留被"不是人名，是动宾结构的词组，指"留下被子"。又比如"掸/胆"这一组，在句子中，"掸"是指"鸡毛掸子"，可以给学习者展示实物，帮助他们认识这一物件，再解释"胆子"的语义，然后将"掸/胆"建立联系。而"吉庆有余""喜上眉梢""五福临门""三阳开泰"这些词更是蕴含着中国传统文化，不是会写会认会读就可以理解的。字、词的语音结构、形体，在输出时都是一个系统，与文化的一切因素相关联。而且在使用时，语词不可避免地要有概括作用或抽象作用。正如吕叔湘先生所言："外界事物呈现无穷的细节，都可以反映到人的脑子里来，可是语言没法儿丝毫不漏地把它们全都表现出来，不可能不保留一部分，放弃一部分。"①这也是不同语言中语词意义并不对等的原因之一。比如在不同语言中，表示颜色的词语就是不对等的。根据B.Berlin和P.Kay的研究，英语词汇里共有十一个基本颜色词，而H.C.Conklin在菲律宾调查发现，当地一种语言只有四个颜色词，②此外，丹尼人的语言中只有两个颜色词语："黑"与"白"③。汉语颜色词多于英语，而现代汉语中的颜色词语又多于古代汉语中的颜色词语。

在古代中国，人们将大自然的颜色用青、赤、黄、白、黑五种来概括，称为五正色。但汉语学习者，包括一部分中国读者看到《荀子·劝学》"青，取之于蓝，而青于蓝"时，对句中的"青"是否能够正确解读呢？在听到"不分青红皂白"时，对"皂"的语义了解吗？读到白居易的诗句"座中泣下谁最多，江州司马青衫湿"，知道"青衫"是何意吗？汉语对颜色的区分，正像对动物植物的认知一样，是逐渐细化的。在古代，青色兼绿、黑、蓝三色，所以直到今日，汉语中还有"青山绿水""青天白日""青一块紫一块"等词语。其实，这种现象很普遍。比如拉丁语中没有"灰色"与"褐色"，纳瓦霍语与古代汉语一样，"蓝色"与"绿色"用的是同一个词，蓝绿不分。我国传统建筑中有一种民居是白墙灰瓦，其他国家的人如果没有亲眼见过，很难想象那是一种什么样的色彩搭配，也很难理解汉语词语"灰不溜秋"。日本有一款染发产品，颜色是Natural Brown，汉语译名是天然棕色。中国消费者用了感觉很疑惑：标明是棕色，可是染出来的头发是黑色的！有的消费者便怀疑自己买到的

---

① 吕叔湘：《吕叔湘自选集》，上海：上海教育出版社，2019年，第448页。
② 参见蒋绍愚：《古汉语词汇纲要》，北京：商务印书馆，2005年，第15—16页。
③ 参见［美］史蒂芬·平克：《语言本能：人类语言进化的奥秘》，欧阳明亮译，杭州：浙江人民出版社，2015年，第54页。

是假货。这也是因为"brown"和"棕色"其实并不是意义对等的，比如"brown bread""brown sugar"就不能理解成"棕色面包""棕糖"。在英语中，"brown"有时对应汉语的"黑色"或者"红色"，"brown bread"是"黑面包"，"brown sugar"是"红糖"，而"Natural Brown"则是天然淡黑色。这就告诉人们，如果"我们不能全面地搜集和筛选所有现存的语言材料，并予以系统的归整和比较，经验便难免会导致偏见误识"[①]。如果某种语言里没有某个词，使用这种语言的人就会缺少与该词相应的概念。比如汉语里的"伯伯、叔叔、舅舅、姑夫、姨父"等称谓语在英语里都叫作"uncle"。这并不意味着说英语的人就没有"父亲的哥哥、父亲的弟弟、母亲的弟兄、姑妈的丈夫、姨妈的丈夫"这些亲属，而是他们只在必要的时候才加以区分。这就是说，对他们而言，只有与uncle相应的概念是鲜明的，而与"伯伯"等相应的概念是模糊的。反过来说，说汉语的人首先想到的是"伯伯"等，这些概念是鲜明的，而"男性的长一辈的亲属"这样的概念是模糊的，是要费点劲才能明白的。在中国人的家庭观念里，长幼有序，辈分明确，不得含混。一家有兄弟姐妹的话，会按照大哥大姐、二哥二姐、三哥三姐……的顺序称说，而英语中却没有first brother或者second brother、third brother等表达法。因此，诸如"民族中的亲属称谓颇可作为研究初民社会里婚姻制度和家庭制度的佐证，不过，应用它的时候，得要仔细照顾到其他文化因素，以免陷于武断、谬误的推论"[②]而误解他们之间的关系。

在跨语言文化交流中，除了传统的语言交流，人们会越来越多地使用阅读的方式即依靠文字进行交流。在以非字母文字记录语言的文字体系中，有A民族借用B民族的文字记录A民族语言文化，但是语言模式与文字意义又与B民族不同的情况，读者如果不了解两种语言和文字，是极易出

[①] [德]威廉·冯·洪堡特：《洪堡特语言哲学文集》，姚小平选编、译注，北京：商务印书馆，2011年，第7页。
[②] 罗常培：《语言与文化》，北京：北京出版社，2004年，第107页。

现误解的。比如中国人在日文中阅读到"怪我""请求书""亲友"等，可要小心了，它们与汉语的意思相去甚远。在日语中，它们分别是"受伤""账单""好友"的意思。又比如，汉语中的"朝三暮四"指的是变化多端、反复无常，而日语的"朝三暮四"则指花言巧语地愚弄；汉语的"同工异曲"比喻做法虽不同，效果却一样，但日语的"同工异曲"却表示大同小异或手法相同却情趣相异。对汉语中这些成语，日本学生会习惯于用日语原词中的语义来理解，导致理解错误，也就是说，母语影响了其对目的语的理解和接受。这种误解在第二语言学习中，被称为"母语负迁移"。当然，这种误解经过学习后很容易消除。但如果以为在交流中"文字并不是语言，而只是利用看得见的符号来记录语言的一种方法。……不会读书写字的民族的语言，和会读书识字的民族的语言同样地稳定、有规则和丰富。一种语言不论使用哪一种文字体系来记录，总还是那种语言，正如一个人不论怎样给他照相，总还是那样的一个人"[1]，也是对文字功能的误解。因为对另一个民族的人来说，如果其看见的文字正好与自己母语文字是相同形式，就可能会以母语文字的语义对之进行解读，从而出现误解。

在交流中，不同语种的非等值词也会引起理解偏差。这是因为"现实世界的客观事物或动作，通过人的外部感觉器官，反映到人脑中，依据不同民族、种族或部族的不同习惯，得出了相异的表象，最后概括而成概念；从这里出发，利用这种民族、种族、部族语言造词的特性和规范，创造出不同的名词、动词和附加语来"[2]。当一种语言被翻译成另一种语言时，可能会因为词义的内涵或者外延不能十分契合而出现偏差。比如，学术界在针对一个社会问题进行讨论时，就会因为用词出现争论。如德国存在主义大师雅斯贝尔斯在《历史的渊源与目的》一书中，提出对人类文明

---

[1] ［美］布龙菲尔德：《语言论》，袁家骅、赵世开、甘世福译，钱晋华校，北京：商务印书馆，1980年，第22页。
[2] 陈原：《社会语言学》，北京：商务印书馆，2000年，第58页。

史有决定性作用的"转轴时代"论题。书中的"axial age"现译为"转轴时代",但早期却被中文译者译为"轴心时代",从语言分析角度而言,既不合乎语义也不合乎语境。①学术上诸如这种因为译名偏差而引起激烈争论的例子并不少见。至于文学作品的翻译,译作能否与原著语言一样让读者在心理方面获得相同的感受,似乎也无法验证,只能说如果读者在译者的语言中获得了情感上的共鸣,这本译作就应该是高质量的作品了。人的情感复杂多变,译者想要让译作的读者获得与原作读者相同的阅读感受,是一件很难的事,正如汉斯·约阿西姆·施杜里希在《世界语言简史》中举例说明德语翻译中国唐诗的情况时所言:"即使它是最准确的翻译文本,那么它是否就能真正传达出与中国读者阅读这首诗时所获得的相同的感受?"②为了更清晰地了解语言交流中发生的变化,我们不妨将汉斯·约阿西姆·施杜里举的例子照录如下。

汉语诗歌的翻译

中国唐朝皇帝命其著名抒情诗人李太白(701—762)即兴作诗三首,用以歌颂其皇妃。德国表现主义诗人克拉邦德(Klabund,1890—1928)意译了其中的第一首诗,而且正因为他的翻译,这首诗在德国也成了名诗之一:

如云的霓裳

和花的面庞,

飘散着芬芳,

醉人的春天,

她若矗立山巅,

---

① 参见陈启云:《中华古文化中的"超越"哲思:"轴心"与"转轴"》,载《学术月刊》2011年第10期,第6页。
② [德]汉斯·约阿西姆·施杜里希:《世界语言简史》(第二版),吕叔君、官青译,济南:山东画报出版社,2009年,第224页。

我则怯于攀登，

她若为娇月献身，

我则驻足遥望，

醉人的春天……

而同一首诗则被迪特尔（Diether）翻译为

心中的云如霓裳

心中的花儿如面庞

春风吹拂着高高的露台

晶莹的露珠闪闪发亮

倘若玉峰山巅不能相见

那就宝石塔边的月下相逢[①]

在我们看来，这似乎是两首诗，但这其实是德国两位著名翻译家对唐代著名诗人李白《清平调》三首诗中的第一首"云想衣裳花想容，春风拂槛露华浓。若非群玉山头见，会向瑶台月下逢"的翻译。我们将德语翻译再译回汉语，仅从语感诗韵方面而言，就有与李白原诗不可同日而语的感觉。汉语的书写系统与英语的书写系统截然不同，按照马歇尔·麦克卢汉的说法，汉字中的象形文字和会意字属于"冷媒介"，要求读者参与其中，补充文字本身留下的空白。而英语字母文字属于"热媒介"，读者无须参与其中，只需阅读而已。而习惯了字母文字"热媒介"的读者，遇到汉字这种"冷媒介"时，在理解上自然会感到吃力。所以，要正确理解他人的话语，应该谨慎。

有时候，汉语学习者对汉语词句的理解与其汉语水平的高低并不直接相关。比如，汉语中级水平及其以上的学习者都认识以下句子中的汉

---

① ［德］汉斯·约阿西姆·施杜里希：《世界语言简史》（第二版），吕叔君、官青译，济南：山东画报出版社，2009年，第222—223页。

字，但是在理解方面常常出现偏差。①"小虎，你在楼下玩儿不要紧，别太晚就行。"学习者可能会将句子中的"不要紧"理解为"不要紧张"。②"哼！等着！有你好看的！"学习者可能会理解成"我等着你给我好看的东西"，不明白句子中"等着"包含的情感，也不理解"有你好看的"的真实含义。再比如，汉语学习者拿到医生开的药，看到服药说明写着"日服三次"，可能会百思不得其解：为什么吃这个药还需要"一天穿三次衣服"？这是将"服"理解为"衣服""服装"了。类似的还有"九死一生""不好要钱""撕破了脸""吃醋""穿小鞋""给个台阶下"等，学习者可能会理解为"九个死了一个活着""不好的东西还要钱""把脸撕破了""吃饭时加醋""穿着小鞋子""架一个台阶好下去"等。这都是因为汉语紧缩句和语言中的隐喻形成了共同语义，不能简单地从字面进行理解，也绝不可能与学习者的母语或者媒介语词语的语义进行等值翻译。一样的道理，我们学习英语时，也不可以用汉语词对其进行直接翻译，比如"have a gap"不能直译成"有一条沟"。"culture gap"是"文化差异"的意思，"have a gap in..."应该译作"对……不了解"或者"对……的理解有偏颇"。可见，"只有当人学会用一个外国人的眼光来重新审视自己的母语时，他才能发现这种语言对外国人来说有什么特点和困难"①。

第三节　语言模式差异引发的误解

在语言运用中，中国人对时间的表达似乎略显模糊。这可能是因为我们的文明来源于农业文明，而农作物从播种到发芽、生长再到成熟，是一个时间范围，无法准确到某一天某一时。这一点与工业化社会的文化不

---

① ［德］汉斯·约阿西姆·施杜里希：《世界语言简史》（第二版），吕叔君、官青译，济南：山东画报出版社，2009年，第301页。

同，体现在语言表达方面差异性就较大，交流时也就容易产生误解。又比如在表达愉悦心情时，汉语句子可以是"今天我很高兴"，而英语句子则是"I'm feeling up today"。按照语法进行分析，"今天我很高兴"是形容词谓语句，而相应的英语表达不但必须有一个动词am，而且必须要加up这个表示"积极向上"的语义词。再比如，英语句子"My spirits rose"，该如何理解呢，"我的灵魂上升"还是"我的精神像玫瑰"？但是从语感上，我们会觉得这两种理解都有问题。其实这句英语就是汉语"我的心情越来越好"的表达。汉语中的"越来越"既可以表达积极向上的情感，也可以表达相反的情感，如"我的生活越来越好""我的心情越来越沉重"。但是英语句子是需要有标记性词语"up"或者"down"，或者其他具有隐喻意义的词如"rose"（表上升是动词）来表达好或坏的意思的。再比如，中英文中的比较句式也很不同，汉语的"与其说……不如说……"中的"说"，绝对不能视为英语动词"say"。如"与其说乔治言语放肆，不如说他聪颖过人"，相应的英语表达是"George is more intelligent than aggressive"[1]。当然，将这个英语句子翻译为汉语时，也不用将"is"翻译成"是"。如果不了解两种表达模式的差别，在使用中就可能引发误解。

在各民族的日常交往中，都会有维护或者巩固人际关系的寒暄。这种对话一般不附加实际的语言信息，可以说是"废话"。比如两个邻居在家门口碰见了：

A：出去啊？　　　B：出去。

B：你买菜了？　　A：嗯，买菜了。

A、B两人只是互相问候一下，不是真正意义上的信息交流，但这种打招呼的对话又是生活中必不可少的。在同一种文化环境中，人们对此习以

---

[1] 中英文例句来自微信号"今日早读"。

为常,通常不会有误解。但是,在异文化圈成员初期相处中,一方如果使用这种寒暄语,另一方可能就会难以适应,要么因误解对方干涉自己的行动而心生不快,要么百思不得其解,感觉对方"爱说废话"。比如,来华的外国人在路上遇到一位中国朋友,对方热情洋溢地"问"他去哪儿呀,吃饭了没有,外国人就会犹豫要不要告诉对方自己的目的地,思考朋友问他"吃饭了没有"是什么意思。这是中国人先"发问"的情况。反过来,如果是外国人先开口说:"你好!今天天气很好!"中国人心里可能也会嘀咕:这不"废话"吗?!他是不是只会这句中文啊!可见,从语义信息传递的角度而言,各个民族都存在"废话",因为大家都有维护人际关系的交际需要。①但是不同民族由于思维方式和行为方式不同,在日常交流打招呼时,"废话"也会不同,不了解的人可能就会产生误解。

如果对一种语言的表达方式不习惯或不熟悉,那么在理解其语义时也可能会遇到障碍。比如汉语"我的孩子们",用英语表达则是"all my children"。在意义的表达中,汉语以"们"表示孩子的数量,即一个以上,"们"可以说是汉语里名词复数的标记词。第一人称代词"我"与表示属性的词"的"点明了"孩子们"是属于谁的。而英语表示数量多或"复数"时,有不同的形式,"child"的复数形式是"children"。同时,这句话中的属性词也只有一个——"my"。这就是中英文语言模式差异的一种表现,如果使用者不了解其差异,以一种语言模式硬套另一种语言,就容易出现理解偏差。

洪堡特在论及语言形式时说:"不论我们将什么样的形象赋予语言,它始终是一个民族富有个性生活的精神表现。""由于每一种语言在这方面都享有一定的自由,表达者的不同性状必然会导致差异。……语言形式是一种极为独特的努力,借助这种积极的努力,一个民族的思想在语言中

---

① 参见冉永平编著:《语用学:现象与分析》,北京:北京大学出版社,2006年,第4页。

得到体现。"①因而，两种语言模式会有诸多差异，不可能完全一致，比如萨丕尔就认为："英语能容忍，甚至要求，散漫的结构，在汉语里这会是淡而无味的。而汉语，由于不变的词和严格的词序，就有密集的词组、简练的骈体和一种言外之意，这对英语天性说来，未免太辛涩，太刻板。"②这种语言模式的差异，正是人们在交流中产生误解的原因之一。

---

① ［德］威廉·冯·洪堡特：《洪堡特语言哲学文集》，姚小平选编、译注，北京：商务印书馆，2011年，第417、420页。
② ［美］爱德华·萨丕尔：《语言论——言语研究导论》，陆卓元译，北京：商务印书馆，1985年，第203页。

第五章 语境与交流场的干扰引发的误解

人们在交流时选用的句式、词语以及输出时的语气和语调等，往往会受到当时的语境或者交流场合的影响。演说、辩论类的交流一定与身处茶社、咖啡馆或者与亲朋好友聚餐时的交流不同。在什么场合说出怎样的话语，采用什么语气语调，甚至产生适合当时交往活动的新语言，都是与当时的环境相适应的。但同时，语言交流的环境、交流场合也会对语言信息的传递与接收造成干扰，引发误解。

第一节 语言内语境与语言外语境

语言环境可分为大环境与小环境。所谓大环境，就是一种语言的使用族群所处的自然环境和历史环境等。正如德国语言学家雅各·格林所言："我们的语言也就是我们的历史。"[1]而小环境即为说话交流时的具体语境。这里，我们所要讨论的是交流时的小环境引发的误解。

语言的小环境又可分为语言内语境（上下文背景）和语言外语境（交

---

[1] 转引自张永言：《词汇学简论》，武汉：华中工学院出版社，1982年，第7页。

流场合）。语言内语境与语言词汇的内部联系有关。无论是阅读交流还是面对面的言语交流，词语出现的语境都非常重要。因为要完全理解或解释某一个词语的含义，需要联系其意象、隐喻联想，也需要个人的知识积累及对世界的认知。借助词典的释义来理解语境中某一个词的意义，往往达不到交流目的，甚至会出现严重偏差。比如，对交流中最为常见的一种辅助性交流信息——笑声，也一定要根据交流内容、交流场景来分析，搞清楚其含义与包含的真实情感。又比如，余华的小说《兄弟》中有句话："我们刘镇的男女老少乐开了怀笑开了颜。"母语读者理解这句话没有什么问题。汉语里，"我们"可以涵盖信息发送者和接收者。然而在意大利语中，"我们"，不是"你们"和"他们"，不包括信息发送者。所以当意大利学生读到这样的语句时，容易出现理解上的偏差。

语言外语境则与语言词汇的外部联系有关。词是语言的建筑材料，语言中的词汇是记录社会发展的历史物证，无词语的交流几乎不存在。但在运用语言进行交流时，如果一方采用的是当下社会大众所知的词义，另一方却沿用古老的词义，那么交流可能会出现障碍。比如，在汉语教学中，有的教材中的文本反映的是20世纪初期的中国社会，里面有"身体不适，急需去看先生"这样的语句。对于已经学习汉语三个月的学习者来说，"先生"不是生词，但学习者百思不得其解：为什么身体不舒服，要急着去看"男士"呢？这就是误解了。

认知语言学中的概念隐喻理论认为，日常语言和思维中的常规隐喻无所不在，这些隐喻为不同层次、不同领域的经验联系提供了系统的理据。不过，每一个民族用以隐喻的对象有所不同，跨语言交流中，信息发送者输出的语言信息在逻辑关系上与接收者的语言逻辑关系可能不是一一对应的。假如接收者继续采用自己的语言逻辑接收语码信息，其解码也将是错位的。比如，操"SVO"语序者与操"SOV"语序者进行交流，就常常出现理解障碍。又比如，在逻辑学上，亚里士多德有著名的三段论，正确运用三段论应该是：A是一条狗，它能跑；B也是一条狗，它也能跑；C是一条狗，所以它能跑。如果错误运用的话，就可能会是：A是一条狗，它能跑；B能跑，所以它是一条狗。这样的推测一看便知是错的，是偷换概念。

人们运用语言交流与其具备的语言能力有一定关系。语言能力实际上是独立于社会文化条件之外的语法能力，而语言运用则包含社会文化内容。比如，在交流中对习惯用法的错解，也可以说是一种言语误差。乔姆斯基在论述什么是语言时，对言语误差也进行了论述，他说："言语误差（error）问题，多数所谓说'英语'的人都认为，从livid with rage 这个短语学来的livid这个词的意思是'红的''脸红的'。词典却告诉我们这个词的意思是'苍白的'。我们通常说，讲话的人把他们语言中这个词的意义理解错了；我们可以说百分之九十五的人，甚至百分之百的人犯了这个'言语误差'。"① 其实，这就是脱离了具体语境而出现的误差。

不同语种之间的语法意义具有非等值性，因为词所指称的概念与所具有的功能价值在语言系统中不是唯一的。如索绪尔给出的例子：法语的mouton（羊，羊肉）跟英语的sheep（羊）可以有相同的意义，但是没有相同的价值。当我们谈到一块烧好并端到桌子上的羊肉时，英语说mutton，而不是sheep。英语的sheep和法语的mouton的价值不同，就在于英语除sheep之外还有一个mutton，而法语却没有。② 汉语与英语之间也存在类似情况，如汉语的"掉到地上"和"掉到地下"其实是同一个意思，但英语则没有对应的两种表达。

由于不同民族对世界的认知存在差别，所以描述也就有了不同。比如，世界各民族对空间、距离、长度、温度等的表述并不完全相同。在日常交流中，人们也不一定都是如同运用数学计算那么精确地说出高度、长

---

① ［美］诺姆·乔姆斯基：《语言和知识问题（上）》，榕培译，载《外语与外语教学》1992年第2期。
② 参见［瑞士］费尔迪南·德·索绪尔：《普通语言学教程》，高名凯译，岑麒祥、叶蜚声校注，北京：商务印书馆，1980年，第161页。

度或温度等,比如,一位来华的韩国留学生非常不解地问自己的汉语老师:"中国人说从A地到B地不远,大概多远的距离以内可以这么说?"老师回答说:"要看说话人指的具体是哪两地了。"韩国学生接着说:"西安到汉中,很远啊!可是中国朋友说西安到汉中不远,开车也就三个小时左右。这对我们韩国人来说很远啊,怎么还能说'不远'呢?"原来他是对"西安到汉中开车要三个小时还不远"的说法感到十分疑惑。当老师告诉他,较之高速公路和高铁开通之前,从西安到汉中要花费七到八个小时来说,现在三个小时左右的车程,确实不算远了。说"从西安到汉中不远",其实含有与从前的比较,实际说的是,较现在而言"不远"。这位韩国学生听后虽然表示明白了这句话的比较意,却仍若有所思,喃喃自语:韩国人说不远,一定是开车时间在一个小时以内的距离,需要开车一小时以上的就是很远的距离了。这就是词语所负载的民族心理等因素造成的误解。

空间范畴、时间范畴以及对自然界的感知所形成的各类范畴,是与人们生活的环境经验相关联的。假如一个常年生活在一年只有两个或三个季节的地方的人和一个生活在有一年四季变化的地方的人,就植物的生长期、枯黄期和气候的变化等进行讨论,而且双方都没有了解对方居住地的相关知识,可想而知,谁也不能让对方相信自己说的是事实。这就是《庄子·秋水》中记录的"夏虫不可以语于冰"以及孔子给子贡讲的"三季人"故事中蕴含的哲理。

第二节 语言交流接收场景的干扰

交谈场景也是造成语言误解的原因之一。比如场合的正式与非正式、人数的多与少、关系的亲与疏等,都会影响交流效果。

我们在交流时,还需要注意语言与语言环境的不可分割性。比如一位急于炒菜的家庭主妇说"油!"与一位被油弄脏连衣裙的少女说"油!",指的虽是同一客体,语义却并不相同。这时就要联系具体的语言环境来分析,因为语言环境可以将句子里省略的语言要素补充完整,而容易让人产生误解的语言材料也多只有进入环境才会活化。比如,在北京的公共汽车上,售票员喊的"前门下"是"到前门站的乘客下车"的省略,一般来说,乘客不会误解。但是如果是无人售票车,广播必须完整播报"到前门站的乘客请下车",否则就可能让人产生误解。又比如,2020年春季,新冠病毒席卷全球,"疑似"一词成为出现频率超高的词,听到和看到"疑似",人们的神经就紧绷起来了。网上也随之出现了不少段子,其中一个是说一小区里,深夜时分,人们突然听到一妇人的喊声:"都疑似了,后面呢?你说呀!疑似后面是什么啊?"人们立马跳下床,推开紧闭的窗户,屏住呼吸,静听下文。就在大家的心都提到嗓子眼的时候,又听到那妇人绝望地高喊:"疑似后面是地上霜啊!"呜呼!原来"疑似"后面不光可能是"确诊",还可能是"地上霜"!这就是语言环境不完整带给人们的一场虚惊。网上还有一个视频,一位老大爷乘坐公交车,忘了带零钱,司机师傅大声说:"可以用手机。"大爷一听,毫不犹豫地将自己的手机投进了钱箱。司机师傅语句不完整(其实他要说的是"可以用手机上的微信或者支付宝购票"),加上说话的场所就是公交车的投币箱前,这就使老大爷产生了误解。

人们在进行语言交流时,也会受到交流者表情、手势、语调等的误导。比如相同的手势在各民族可能具有不同意义,"手势伴随着一切言语;说话的人使用哪些手势,使用多少,人各不同,但是在很大程度上是受社会习惯的制约的。意大利人使用手势比说英语的人多一些;在我们文明社会里,上等人用手势最少。在一定程度上,个人的手势也按照社会习惯,不同的社会集团所用的手势各不相同。在告别的时候,我们摆手是手心向外；那不勒斯人（Neapolitans）则手心向内"①。如果不了解其他民族手势语的意思，而以自己民族的思维去理解，就可能会出错。此外，"人们在谈话中，有时因为环境、气氛、心理等因素，有些内容不便直接说出来，常用婉转的语言来表达；俗话说就是拐着弯说，这样可以避免给对方造成不良刺激，破坏谈话的情绪，甚至会使谈话无法进行下去"②。但这样的婉转表达也是建立在双方具有同样认知水平的基础上的，即对方是听得懂说者在暗示什么的，否则就是鸡同鸭讲、各说各话了。尤其是在异文化、异语言交流中，这种婉转可能不但不能产生期望的效果，还会带来更深的误解。

在用语言进行交流时，情感因素时常会从体态语中表现出来，这时信息接收者如果受到场景的干扰，就会影响解读信息的准确性，比如交谈场合的杂音等干扰就可能会造成交流的中断。又比如，人们在交谈时，如果抬腕看手表、皱眉、撇嘴、不停地抖动一条腿、东张西望等，或许就会被理解为没有兴趣听人说话或者急于离开。如果听者并不是因为真的想离开而下意识做出这些动作的，那他无意识的动作就可能让别人产生误解甚至停止交流了。

任何一种语言在以言语进行交流时，一方面都有其一定的编码规则，即语法结构或者句式结构的规则（有显性规则，还有隐性规则），另一方面又受到其他非语言要素的影响和干扰。在语言交际中，如果编码规则混乱，将造成交际双方话语理解上的困难，从而带来误解。如果不注意编码规则之外的非语言要素，也同样可能带来语言误解。两者都是语言误解的成因。

---

① ［美］布龙菲尔德：《语言论》，袁家骅、赵世开、甘世福译，钱晋华校，北京：商务印书馆，1980年，第42页。
② 林语堂：《说话的艺术》，西安：陕西师范大学出版社，2009年，第28页。

第六章　语言误解成因给予人类的启示

我们分析语言误解，一是因为语言是不断变化的交流工具，我们可以借分析找对策，让人类更顺畅地交流；二是我们沿着误解运行的轨迹探寻，便可以洞悉人性的某些弱点，比如偏狭、固执、自我、缺乏反省精神等。瑞士神学家H.奥特在《不可言说的言说》中文版序言里说："对人的反思是今天所有文化的共同任务。"①所言极是。

美国语言学家爱德华·萨丕尔在谈到语言交流时说："有关语言的一般现象中，最叫人注意的无过于它的普遍性。某个部落是否有足以称为宗教或艺术的东西，那是可以争论的，但是就我们所知，没有一个民族没有充分发展的语言。最落后的南非布须曼人（Bushman）用丰富的符号系统的形式来说话，实质上完全可以和有教养的法国人的言语相比。"②语言只有形式上的不同，而无高下与优劣之别。依照约瑟夫·房德里耶斯的观点，语言可以划分为四类：第一类是一种生理的行为，第二类是一种心理的行为，第三类是一种社会的行为，第四类是世界各地在不同时代以极不相同

---

① ［瑞士］H.奥特：《不可言说的言说：我们时代的上帝问题》，林克、赵勇译，北京：生活·读书·新知三联书店，1994年，中文版序第7页。
② ［美］爱德华·萨丕尔：《语言论——言语研究导论》，陆卓元译，北京：商务印书馆，1985年，第19页。

的形式出现的历史事实。①除了第一类,后三类语言行为在交际中都有误解发生的可能。

　　误解是在一定条件下产生的。比如,马可·波罗在爪哇看到犀牛,便以为是欧洲人传说中的独角兽;麒麟是中国传说中的祥瑞之兽,但是从未有人见过,明代永乐年间,人们见到来自南亚和东非的长颈鹿后,就将其当作神兽麒麟。这是因为人们见到未知事物时,将其与自身已知的知识错误地建立了联系。这一现象尤其容易出现在异质文化之间。因为在跨文化交际中双方交流彼此所见、所闻、所知时,运用的多是自己原有的关联知识而且是在受到主观认知的影响下进行交流,信息发送者与接收者或许就会因为某种原因产生误解,这是因为人们看到的"只不过我们周围的一切事物,而我们却以为我们看到的是一切事物"②。对此,一些先贤一直在努力帮助人们意识到人类的认知是偏狭的这一事实,也在努力探索消弭误解的方式,比如借助统计学进行观察,又借用哲学的方法对语言误解进行解释。美国语言学家爱德华·萨丕尔说:"谁都知道语言是可变的。即使是同一时代、同一地、说一模一样的方言、在同一社会圈子里活动的两个人,他们的说话习惯也永远不会是雷同的。仔细考查一下每一个人的言语,就会发现无数细节上的差别,存在于词的选择,句子的构造,词的某些形式或某些组合的相对使用频率,某些元音、辅音或二者合并时的发音等方面,也存在于快慢、轻重、高低等给口语以生命的方面"③,但是"习惯的偏见使我们形成了一种对于文化相当危险的消极态度"④,而偏见又促使我们对语言的语音、语调、词、句式结构等都极为敏感。在交往中,无

---

① [法]约瑟夫·房德里耶斯:《语言》,岑麒祥、叶蜚声译,北京:商务印书馆,2012年,序第3—4页。
② [法]孔狄亚克:《人类知识起源论》,洪洁求、洪丕柱译,北京:商务印书馆社,1989年,第5页。
③ [美]爱德华·萨丕尔:《语言论——言语研究导论》,陆卓元译,北京:商务印书馆,1985年,第132页。
④ [美]爱德华·萨丕尔:《萨丕尔论语言、文化与人格》,高一虹等译,北京:商务印书馆,2011年,第257页。

论是说者还是听者，都可能因为小小的词语错误，导致表达初衷的偏离，致使交流的通道堵塞。

语言交流中的误解有有意误解和无意误解之分。有意误解经常发生在对经典文献的理解上。如《孟子·离娄上》："不孝有三，无后为大，舜不告而娶，为无后也，君子以为犹告也。"有的解经者断章取义，曲解原文意义，目的是阐述"存天理，灭人欲"的道学要旨。而有意误解他人者使用的借口常常是世界观不同或者价值观念有别，不会真诚地反省自己，只能由其他人去指出其偏差。这也是经典文献有各种注、各种笺的原因。

误解是不同文化间差异性的折射，也是不同文化间的对比研究的缘起，但是对比的内容、时段是否遵循了客观性原则也是需要注意的。比如，加拿大传播学家伊尼斯按照传播媒介的形态和性质，将世界文明做了十个分期，但是他所列出的中国文明却是纸笔时期的文明[1]，这显然是对中国传播媒介形态的误解。

有的误解是历史政治造成的。如我们一直以为我们的民族及文化的源头在长城以南，但其实是在北方，这是受了长城的误导。[2]有些误解是认知的欠缺造成的。比如在中国河南安阳考古成果出来之前，西方人类学家、历史学家认为中国历史上的商朝只是中华民族的传说，认定中国艺术家在石头上进行雕刻的时期不会比汉代早多少。在安阳石刻出土之后，世界艺术家才知道东方的石刻可以早到公元前2000年。[3]西方历史学界才不得不重新审视中国的历史渊源，修正对中国商朝的评说。

文化之间的差异也包括人类社会历史伦理之间的差异。比如，生活在母系社会的人的思维方式一定与生活在父系社会的人不同，生活在南半球的人看待四季的更迭一定有别于生活在北半球的人，老人的习惯与子孙的

---

[1] 参见[加]哈罗德·伊尼斯：《传播的偏向》（双语版），何道宽译，北京：中国传媒大学出版社，2017年，译者序言第16页。
[2] 参见李济：《中国文明的开始》，南京：江苏教育出版社，2005年，第1页。
[3] 参见张光直、李光谟编：《李济考古学论文选集》，北京：文物出版社，1990年，第6页，又见1961年《新时代》创刊号。

习惯有差别，等等，这些都会成为语言误解的成因，或者说会是语言交流误解的成因。人类时刻使用的语言，是交流时最重要的工具，是人类理解彼此的直接媒介，却总会引发麻烦，让交流双方不愉快，出现误解，甚至发生冲突，或者贻误处理事情的最佳时机。而且这些问题不仅在异质文化交流者之间产生，也在同质文化、操相同语言的群体之间发生，甚至会出现在关系亲密者之间。这都是文化的差异、历史的变革、社会的变化等造成的。

语言不仅有交际功能，而且有认知功能。但是这两种功能的作用不是同时发生的。人类认识世界包括自然界和人类社会时，作为工具的语言会即刻发挥作用，但是语言的认知功能是稍后才会发挥作用的，在认知产生偏差即误解后，人类的自我纠错机制又可能会使语言产生幽默效应。比如，2019年11月7日晚，CCTV9频道播放的一个纪录片《你好，陌生人》中，有一段记者在首都机场随机采访的镜头，很是有趣。记者采访了一位大约六十岁的中国男性旅客。这位旅客准备前往欧洲旅游，脖子上挂着照相机，记者问他拍了照片给谁看。旅客说自己有"qiuqiu"（电视屏幕下方配注"球球"二字），可以发到"qiuqiu"上，让朋友们看。记者茫然，重复了两遍"qiuqiu"，旅客略显诧异，说："就是那个'qiuqiu'嘛！"记者这才反应过来，说："您说的是QQ吧？"这是说者发不好英语语音而无意间制造的小欢乐。

历史上许多发明创造、思想观点和学术成果甚至一些新词新语新用法，都是在误解的基础上创造出来的。"我觉得语言是世界上最有趣的东西，要了解人类，研究语言是必经之路。"[1]这是王士元先生在《语言、演化与大脑》中说的话。研究语言的大师很多，他们从不同角度、运用不同理论或模式对语言进行了研究。然而，语言里的词语会在其生命周期里发生语义或者语音方面的改变，句式也会微调，比如中国古代汉语的宾语前

---

[1] 王士元：《语言、演化与大脑》，北京：商务印书馆，2011年，第1页。

置句式到了现代汉语里,基本是以主谓宾顺序呈现的。语言的确是世界上最有趣的东西,像万花筒,又像魔术师的袖筒或暗箱。人类创造了它,在熟练地使用它,但似乎又无法控制它。我们像天真的孩童垒积木那样,在活动中观察它,又像具有深邃思想的哲学家那样审视它,目的都是寻觅能够确切表达自己心意的"语言",可是它依然让人捉摸不透,而这也正是语言的魅力所在。

人类社会是一个共同体,虽然流动生活逐渐成为一部分人的生活常态,但是大部分人还是认各自的自然语言和传统的行为文化,生活在祖祖辈辈生活的区域内。所谓自然语言,就是"我们日常所说的以及用于和别人交际的语言……自然语言是作为第一语言在孩提时代习得的,它适合于我们任何可能的交际目的"[1]。但是如果认知度或信息源不在同一个范围内,就有可能出现交流障碍,误解也就随之产生了。

由语言引发的各种误解很难因某一次解释或某位哲人的呼吁就彻底消除或永不再生,而这也是语言的魅力所在。在人类世界,我们仍然要使用自己创造的语言文字进行口语的或书面的交流,这就意味着,误解依然会伴随我们前行。但是"只有客观知识才能是真正的知识。只有从客观的、无条件的视角才能了解我们自己、了解他人、了解外部世界。客观性允许我们超越个人偏见和偏好,做到公平,不偏不倚地看待世界"[2],唯有如此,我们才能尽可能少地产生不必要的误解。"语言是洞悉人性的一扇窗"[3],语言误解是这扇窗上的一个孔眼。在当代人需要更多地接触交流的现实中,应该摒弃傲慢与偏见,避免一叶障目,应该多了解与自己文化不同的异质文化,本着属于同一物种而互相尊重、互相学习的心态,使误解

---

[1] [美]芭芭拉·帕赫蒂、[荷]爱丽丝·特缪伦、[美]罗伯特·沃尔:《语言研究的数学方法》,吴道平等译,北京:商务印书馆,2012年,第106页。
[2] [美]乔治·莱考夫、马克·约翰逊:《我们赖以生存的隐喻》,何文忠译,杭州:浙江大学出版社,2015年,第167页。
[3] [美]史蒂芬·平克:《语言本能:人类语言进化的奥秘》,欧阳明亮译,杭州:浙江人民出版社,2015年,第427页。

不再是阻挡人类健康发展的障碍。以色列历史学家尤瓦尔·赫拉利在《人类简史：从动物到上帝》中谈到人类时说："在这些人种当中，有些高大，有些矮小，有些会凶残地猎捕，有些只是温和地采集着食物，有些只住在某个小岛上，而大多是在整个大陆上迁徙移动；但不论如何，他们都是'人属'，也都是人类。"① 人类对彼此，实在无傲慢之理由，实在需要去了解对方，理解对方的言行，共筑通向未来的"天塔"！

---

① ［以色列］尤瓦尔·赫拉利：《人类简史：从动物到上帝》，林俊宏译，北京：中信出版集团，2017年，第6页。

参考文献

[1] 史蒂芬·平克. 语言本能：人类语言进化的奥秘［M］. 欧阳明亮, 译. 杭州：浙江人民出版社，2015.

[2] H.奥特. 不可言说的言说：我们时代的上帝问题［M］. 林克, 赵勇, 译. 北京：生活·读书·新知三联书店，1994.

[3] 钱冠连. 汉语文化语用学［M］. 北京：清华大学出版社，1997.

[4] 布龙菲尔德. 语言论［M］. 袁家骅, 赵世开, 甘世福, 译. 钱晋华, 校. 北京：商务印书馆，1980.

[5] 米歇尔·福柯. 词与物：人文科学的考古学［M］. 莫伟民, 译. 上海：上海三联书店，2016.

[6] 洛克. 人类理解论［M］. 关文运, 译. 北京：商务印书馆，1959.

[7] 保罗·利科. 解释的冲突：解释学文集［M］. 莫伟民, 译. 北京：商务印书馆，2008.

[8] 房龙. 宽容［M］. 中英双语本. 秦立彦, 冯士新, 译. 桂林：广西师范大学出版社，2001.

[9] 汉斯·凯尔纳. 语言和历史描写——曲解故事［M］. 韩震, 吴玉军, 等译. 郑州：大象出版社, 北京：北京出版社，2010.

[10] 科林·麦金. 语言哲学：经典诠释［M］. 刘龙根, 朱晓真, 译. 上海：上海交通大学出版社，2017.

[11] 邢福义. 文化语言学[M]. 武汉：湖北教育出版社，1990.

[12] 爱德华·萨丕尔. 语言论：言语研究导论[M]. 陆卓元，译. 北京：商务印书馆，1985.

[13] 海德格尔. 海德格尔文集：存在论（实际性的解释学）[M]. 何卫平，译. 北京：商务印书馆，2016.

[14] 孔狄亚克. 人类知识起源论[M]. 洪洁求，洪丕柱，译. 北京：商务印书馆，1989.

[15] 李宇明，陈前瑞. 语言的理解与发生：儿童问句系统的理解与发生的比较研究[M]. 武汉：华中师范大学出版社，1998.

[16] 陈望道. 修辞学发凡[M]. 上海：上海教育出版社，1997.

[17] 罗纳德·斯考伦，苏珊·王·斯考伦. 跨文化交际：话语分析法[M]. 施家炜，译. 北京：社会科学文献出版社，2001.

[18] 威廉·冯·洪堡特. 洪堡特语言哲学文集[M]. 姚小平，选编，译注. 北京：商务印书馆，2011.

[19] 费尔迪南·德·索绪尔. 普通语言学教程[M]. 高名凯，译. 岑麒祥，叶蜚声，校注. 北京：商务印书馆，1980.

[20] 陈原. 社会语言学[M]. 北京：商务印书馆，2000.

[21] 尤瓦尔·赫拉利. 人类简史：从动物到上帝[M]. 林俊宏，译. 北京：中信出版集团，2017.

[22] 理然. 帝俄时期：从汉学研究到中国文学研究[M]//阎纯德. 汉学研究：第4集，北京：中华书局，2000.

[23] 罗素. 罗素文集：第9卷 人类的知识：其范围与限度[M]. 张金言，译. 北京：商务印书馆，2012.

[24] 奥托·叶斯柏森. 语法哲学[M]. 何勇，夏宁生，司辉，等译. 北京：商务印书馆，2010.

[25] 阮元. 十三经注疏：春秋左传正义[M]. 北京：中华书局，1980.

[26] 郭沫若. 甲骨文合集[M]. 北京：中华书局，1978-1982.

[27] 林语堂. 说话的艺术[M]. 西安：陕西师范大学出版社，2009.

[28] 斯蒂芬·特纳，马克·瑞斯乔德. 爱思唯尔科学哲学手册：人

类学与社会学哲学［M］．尤洋，译．北京：北京师范大学出版社，2015．

［29］罗常培．语言与文化［M］．北京：北京出版社，2004．

［30］冒键．妖魔化的镜像：19世纪美国作家对中国的误读［M］//阎纯德．汉学研究：第4集，北京：中华书局，2000．

［31］乔治·莱考夫，马克·约翰逊．我们赖以生存的隐喻［M］．何文忠，译．杭州：浙江大学出版社，2015．

［32］沈文倬．菿闇文存：宗周礼乐文明与中国文化考论［M］．北京：商务印书馆，2006．

［33］伏尔泰．风俗论［M］．梁守锵，译．北京：商务印书馆，2009．

［34］熊伟．话语偏见的跨文化分析［M］．武汉：武汉大学出版社，2011．

［35］约瑟夫·房德里耶斯．语言［M］．岑麒祥，叶蜚声，译．北京：商务印书馆，2012．

［36］许慎．说文解字［M］．北京：中华书局，1983．

［37］中国社会科学院考古研究所．殷周金文集成［M］．北京：中华书局，2007．

［38］王引之．经传释词［M］．南京：江苏古籍出版社，2000．

［39］马歇尔·麦克卢汉．理解媒介：论人的延伸［M］．增订评注本．何道宽，译．南京：译林出版社，2011．

［40］沈括．梦溪笔谈［M］．侯真平，校点．长沙：岳麓书社，2002．

［41］沈家煊．不对称和标记论［M］．南昌：江西教育出版社，1999．

［42］沃尔特·翁．口语文化与书面文化：词语的技术化［M］．何道宽，译．北京：北京大学出版社，2008．

［43］塞缪尔·亨廷顿．文明的冲突与世界秩序的重建［M］．周琪，刘绯，张立平，等译．北京：新华出版社，2010．

［44］哈罗德·伊尼斯．传播的偏向［M］．何道宽，译．北京：中国人民大学出版社，2003．

［45］米歇尔·福柯．知识考古学［M］．谢强，马月，译．北京：生活·读书·新知三联书店，2003．

［46］许倬云. 中国文化与世界文化［M］. 桂林：广西师范大学出版社，2006.

［47］吕叔湘. 吕叔湘全集：第6卷［M］. 沈阳：辽宁教育出版社，2002.

［48］崔希亮. 语言理解与认知［M］. 上海：学林出版社，2016.

［49］藤家礼之助. 日中交流二千年［M］. 张俊彦，卞立强，译. 北京：北京大学出版社，1982.

［50］徐大明，陶红印，谢天蔚. 当代社会语言学［M］. 北京：中国社会科学出版社，1997.

［51］邓炎昌，刘润清. 语言与文化：英汉语言文化对比［M］. 北京：外语教学与研究出版社，1989.

［52］威廉·A.哈维兰. 当代人类学［M］. 王铭铭，等译. 上海：上海人民出版社，1987.

［53］郭沫若. 两周金文辞大系图录考释［M］. 北京：科学出版社，1957.

［54］陈建民. 说话的艺术［M］. 增订本. 北京：语文出版社，1994.

［55］胡明扬. 西方语言学名著选读［M］. 北京：中国人民大学出版社，1999.

［56］汉斯·约阿西姆·施杜里希. 世界语言简史［M］. 2版. 吕叔君，官青，译. 济南：山东画报出版社，2009.

［57］王福祥. 对比语言学论文集［M］. 北京：外语教学与研究出版社，1992.

［58］冉永平. 语用学：现象与分析［M］. 北京：北京大学出版社，2006.

［59］成一丰. 假象·谬误·识辨［M］. 西安：陕西人民出版社，1993.

［60］胡司德. 古代中国的动物与灵异［M］. 蓝旭，译. 南京：江苏人民出版社，2016.

［61］阮元. 十三经注疏：礼记正义［M］. 北京：中华书局，1980.

［62］胡壮麟. 认知隐喻学［M］. 北京：北京大学出版社，2004.

［63］于·哈贝马斯. 交往行动理论：第1卷［M］. 洪佩郁，蔺菁，译. 重庆：重庆出版社，1994.

[64] 李宇明. 汉语量范畴研究[M]. 武汉：华中师范大学出版社，2000.

[65] 王士元. 语言、演化与大脑[M]. 北京：商务印书馆，2011.

[66] 于根元. 应用语言学演讲集[M]. 北京：商务印书馆，2014.

[67] 杨伯峻. 春秋左传注[M]. 北京：中华书局，2009.

[68] 崔永华. 词汇文字研究与对外汉语教学[M]. 北京：北京语言文化大学出版社，1997.

[69] 桂诗春. 心理语言学[M]. 上海：上海外语教育出版社，1985.

[70] 王力. 汉语史稿[M]. 北京：中华书局，1980.

[71] 蒋绍愚. 古汉语词汇纲要[M]. 北京：商务印书馆，2005.

[72] 王子今. 秦汉称谓研究[M]. 北京：中国社会科学出版社，2014.

[73] 王念孙. 读书杂志：第4册[M]. 徐炜君，等点校. 上海：上海古籍出版社，2014.

[74] 钱满素. 爱默生和中国：对个人主义的反思[M]. 北京：生活·读书·新知三联书店，1996.

[75] 苏德超. 哲学、语言与生活：论维特根斯坦的语言哲学[M]. 长沙：湖南教育出版社，2010.

[76] 赵元任. 语言问题[M]. 北京：商务印书馆，1980.

[77] 高明. 高明论著选集[M]. 北京：科学出版社，2001.

[78] 李济. 中国文明的开始[M]. 南京：江苏教育出版社，2005.

[79] 张光直，李光谟. 李济考古学论文选集[M]. 北京：文物出版社，1990.

[80] 马克思恩格斯全集[M]. 北京：人民出版社，1979.

[81] 许倬云. 许倬云自选集[M]. 上海：上海教育出版社，2002.

[82] 许倬云. 许倬云说历史：中西文明的对照[M]. 杭州：浙江人民出版社，2013.

[83] 张永言. 词汇学简论[M]. 武汉：华中工学院出版社，1982.

[84] 芭芭拉·帕赫蒂，爱丽丝·特缪伦，罗伯特·沃尔. 语言研究的数学方法[M]. 吴道平，等译. 北京：商务印书馆，2012.